診療所のための 医業承継のてびき

第三者承継

Q&Aで承継のプロセスがよくわかる

巻頭言

　世界に先立ち、少子高齢化・人口減少が進行しつつある我が国において、「かかりつけ医」を中核とする地域医療の提供体制を維持していくことは、人々の生活の基盤であるとともに、社会保障制度を維持、発展させていく上でも欠かせないものです。

　地域医療は、「かかりつけ医」の先生方と患者・地域の住民の皆様との間で培われた信頼関係があってはじめて、守っていくことができるものです。これは決して、一朝一夕にできるものではありません。

　地域医療を守るために築き上げてきた診療所等の医療機関を、世代を超えて如何に維持していくかは、国民皆保険の医療提供体制における重要な命題であります。

　翻って、我が国の社会の現状を見ますと、経営者の高齢化や後継者不足等から、産業界において事業承継が大きな社会的課題となっています。

　この事業承継の問題は医業経営の分野においても例外ではありません。地域医療を支える診療所等の存続が危ぶまれる状況が全国各地で拡がりつつあります。このまま事態が深刻化していけば、地域医療が崩壊してしまうことも懸念されます。

　我が国が世界に誇る国民皆保険を維持し、人々の健康な生活を守っていくためにも、地域医療の崩壊につながる事態の進行を食い止めることで、地域社会の機能を維持し、その衰退を防がねばなりません。

　そのためには、長年にわたり地域医療に尽くされてきた先生と、その志を継いでいく先生とを、しっかりとつないでいく仕組み作りが必要不可欠と言えます。

　こうした観点から、各地域の医師会においては、ドクターバンク等をはじめとする医業承継に向けた支援の取組みを進めている所も

あると伺っています。

　日本医師会においても、医業経営の円滑な承継への支援を喫緊の課題ととらえ、都道府県医師会等とも協力して、そのための対策を着実に進めていくべきと考えております。

　そこで、この課題への支援の取組みの一環として、日本医師会総合政策研究機構が、外部の専門家（税理士、社会保険労務士等）の執筆協力を得て、診療所等の第三者承継に関する実務的な手引書を作成・出版いたしました。

　内容は、診療所等の譲渡側・譲受側のいずれにも役立ち、また、各地域の医師会が現場の相談要望に応える上でも利用できるよう、Q&A形式による平易な記述を旨としています。

　この手引書が広く周知・活用され、地域医療の提供体制の堅持と活力ある医業経営の維持のための一助として、少しでもお役に立つことを願っております。

令和2年3月吉日

日本医師会 会長　横倉　義武

はじめに —昨今の診療所経営を取り巻く環境と医業承継の課題—

1．我が国の社会経済の変化に直面しつつある医療界

　我が国の社会経済の変化とともに医療の世界も変革の波に洗われ、医療機関経営は対応を余儀なくされています。

　少子高齢化が進み、本格的な人口減少社会に入りつつある中、国家財政の赤字・社会保障給付費の増大、疾病構造の変化、IoTや創薬等の技術革新等は世界に誇る国民皆保険を揺さぶりつつあります。加えて、医療機関の経営は、診療報酬の変更、地域医療構想・地域包括ケアシステムの進展等からも多大な影響を受けつつあります。

　以下では、様々な環境変化に直面している診療所等の経営に関して、本手引書のテーマである「事業承継」について、その現状と課題を簡単に確認していきたいと思います。

2．事業承継に関する現状と課題

　中小企業庁が2016年に公表した資料「事業承継に関する現状と課題について」によれば、中小企業の60歳以上の経営者のうち、5割超が廃業予定であり、特に個人事業者では約7割が「自分の代で事業をやめるつもり」という回答をしています。

　では、そのような回答をしている経緯は業績不振にあるかといえば、必ずしもそうではありません。むしろ廃業予定企業であっても、そのうち3割の経営者が「同業他社よりも良い業績」と回答し、今後10年間の将来性についても4割の経営者が「少なくとも現状維持は可能」と回答しています。

　また、同資料のデータによれば、直近10年では法人経営者の親族内承継の割合が急減し、従業員や社外の第三者が承継先となる親族外承継が6割超にまで増えています。

　これらのデータは、経営者の高齢化、少子化・人口減少に伴う後

継者不足により、事業撤退リスクが高まっていることを示唆するものです。

　さらなる問題は、メディアでも大きく取り上げられている、いわゆる「2025年問題」です。2020年以降、団塊世代に属する現経営者が一斉に後期高齢者となり、引退時期を迎えることで、事態の一層の深刻化が懸念されるところです。これは日本経済の持続可能性を考えるうえでも見逃せないリスクです。

　翻って医療界を見ると、決して上記のようなリスクに関して例外ではありません。

　むしろ、医療機関経営者には原則として「医師」という資格条件が求められることから、誰でもが後継者になり得るわけではないこと、また後継者育成には教育投資も必要であることを考えれば、他業界に比べても、承継が円滑に実行されるには、より厳しい環境にあると考えなければなりません。

　具体的な現象として、小規模病院や有床診療所の著しい減少傾向や、診療所の廃止・休止施設数の増加傾向といったことが指摘されています。その背景には、医療機関の経営者自身の高齢化に加えて、事業を承継する後継者がいない、という産業界に共通する事情があるのではないでしょうか。

＜ご参考：年度別医療施設数一覧表：各年10月1日現在＞

年度別医療施設数	2011年	2014年	2017年
100床未満病院施設数	3,182	↘ 3,092	↘ 3,007
有床診療所施設数	9,934	↘ 8,355	↘ 7,202
廃止・休止一般診療所数 （前年10月〜当年9月）	5,461	↗ 7,677	↗ 8,123

（厚生労働省「平成29年（2017）医療施設（静態・動態）調査・統計表6,7」）

現実にも、当初から身内に後継者がいないまま承継時期を迎えてしまう、後継者候補はいたものの諸般の事情により承継に至らない、このような後継者不在に鑑み第三者承継を試みるも不発に終わる、といった個別事例が各地で発生しています。

　2019年に、日本医師会総合政策研究機構が医療機関の経営者を対象に実施した「医業承継実態調査」（日医総研ワーキングペーパーNo.440、坂口、堤、石尾）によれば、後継者候補がいない医療機関が半数近くに上ることが確認されています。

　また、同調査では、後継者候補がいても、当該候補者の承継の意思確認まで取れている割合は4分の1程度にとどまり、年代別でみると、70代の経営者に絞っても4割、80代でも漸く5割を超える程度でしかありませんでした。これは、たちまちの、あるいは近い将来の承継問題の本格的な到来を強く示唆するデータといえます。

　医療機関は地域住民の重要な生活インフラです。そして、地域医療を守る基盤である医療機関を、いかに世代を超えて維持していくかは喫緊の社会的課題なのです。

　医療機関経営者としては、家業、事業を引き継ぐといった個人的な側面だけでなく、こういった公的役割にも配慮すべきでしょう。万が一にも、承継問題がボトルネックとなり地域社会から医療機関が撤退するといった不測の事態を惹起せぬよう、日頃から経営の安定とその継続に努めることが求められるのではないでしょうか。

　一方、承継を意識し検討しようとしても、周りに話を聞ける承継経験者や、信頼が置けてかつ適切な知識を有する相談者がいるとは限りません。かといって、独学で学ぶにしても何を参考にすればよいのか、どこから手を付ければよいのか分からない、というのが一般的でしょう。

　然るに、病院の医業承継、M＆A（合併、買収）については解説書等が散見されますが、診療所に焦点を当て、その承継に関わる方々の参考にしていただけるような書籍等はごく限られています。

以上のような実情を背景に、日本医師会には、診療所をモデルにした医業承継に関する手引書を作成して欲しいというご要望が、多方面から寄せられていました。そこで、診療所等の医業承継に関して関係者がどうしたらよいか分からない、あるいは理解を深めたいといったときに手に取っていただくことを目的に、本手引書を作成いたしました。

≪本手引書の特徴と意義≫

　本手引書は以下のような特徴を備えています。

- **本手引書は、診療所の承継に焦点を当てたものです。**
- 事業譲渡（希望）者だけでなく譲受（希望）者にもお役立ていただけるよう、双方の立場で必要な知識を掲載しました。
- なるべく平易にお伝えするため、できる限り図表を交えた説明を心掛けました。
- 重要なポイントについては、うまくいった事例、うまくいかなかった事例を具体的に交えてあります。
- **Q＆A方式で構成していますので、一気通貫に読んでいただかなくとも、関心のある部分だけを選んで順不同で読んでいただく使い方も可能です。**

　本手引書が、診療所等の医療機関の経営者、あるいは医療機関経営にご興味をお持ちの勤務医の方々にとって、不安なく承継に臨んでいただくための一助となれば幸いです。

　また、承継に関わるその他の関係者の方々にも、広く本手引書をご活用いただき、医業承継が円滑に行われるようご支援いただくことを願っております。

目　次

※ 譲渡者 は主に診療所を譲渡する方、 譲受者 は主に譲受する方向けの内容となっています。

10

第7章　最終契約締結

第8章　事例

第9章　用語

第1章

承継の
メリット・デメリット

Q1. 診療所承継の全体像と承継業務の相談先

診療所承継の全体像を教えてください。また、どのような人や組織が相談先や助言者等として関わるのでしょうか。

①診療所の承継は「親族内承継」と「親族外承継（第三者承継）」に大別され、後継者不在の場合、「第三者承継」が選択肢となる。

②第三者承継を院長一人で進めることは困難なため、医師会や顧問税理士・弁護士等の信頼できる専門家（組織）に協力依頼することが重要である。

（1）診療所承継の全体像

①医業承継の全体像

　経営者である院長世代の高齢化に伴い、多くの診療所が次世代への承継時期を迎えています。医業承継の選択肢は「**親族内承継**」と「**親族外承継（第三者承継）**」とに大別できます。医業承継が円滑に進まないと、診療所を廃止することになり、当該地域にとって大きな損失になりかねません。医業承継は、単なる経営課題というだけでなく、地域医療にとっても重要な課題といえます。

②第三者承継の選択

　診療所の承継の難しさとしては、原則、後継者が医師である必要があるうえに、専門分野（診療科目の志向）が合致している必要もあることが挙げられます。従って、親族内に医師がいない場合や、専門分野の違いから勤務医や研究職を続けたいなど、親族内承継が難しい場合には、第三者承継を選択することになります。

③第三者承継の難しさ

　診療所の第三者承継に関する情報は、まだまだ限られています。関係する行政の統計や報告書もほとんどありませんし、参照となる公的な手引書等があるわけでもありません。そのため、「第三者承継」を院長自身が自力で進めることは非常に困難であるといえます。第三者承継に携わっている専門家（組織）と十分相談できる体制をつ

くったうえで、進めていくことが重要になります。

【第三者承継の選択（全体像）】

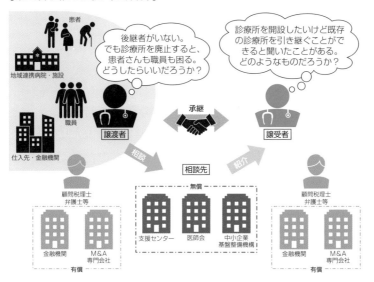

(2) 相談先

　第三者承継の相談先（無償の相談先と有償の相談先があり、有償の相談先を「**承継アドバイザー**」と呼ぶ、以下同じ）は多岐にわたります。「病院」の第三者承継の場合は承継アドバイザーに依頼するケースが多く見受けられますが、「診療所」の第三者承継は、地域の医師会や顧問税理士・弁護士といった周囲の関係者の協力を得ながら自力で進めるケースも多いでしょう。

【相談先と承継支援業務の概要】

承継支援業務 （担う業務を網掛け） 相談先	承継アドバイザー		無償	
	有償			
	金融機関 M&A専門会社（※3）	税理士 会計士 弁護士	医師会 医師協同組合 医師信用組合	地域医療支援センター 事業引継ぎ支援センター（※4）
窓口相談	※1	※1	※2	
マッチング			※2	
ディールコーディネート				
コンサルティング				

※1 便宜的に有償区分しておりますが、相談内容により無償で対応する場合もあります。
※2 一部の地域の医師会や医師協同組合等では相談窓口を設けているところやマッチング支援を行っているところもあります。
※3 医業経営コンサルタントや医業承継士等、医療機関の第三者承継（M&A）を支援する人（組織）をいいます。
※4 個人立の開業医のみが対象で医療法人は窓口相談の対象外です。

Q2. 第三者承継のメリット

私は長年診療所を経営してきましたが、後継者もいないことから、近々誰かに引き継いでもらうことを考えています。仮に診療所を譲渡することにした場合の第三者承継の意義、私のメリット、相手方のメリットについて、それぞれ教えてください。

①第三者承継の大きな意義は、地域医療の存続である。

②地域医療の存続は、雇用確保、患者の利便性確保につながる。

③譲渡者は後継者問題を解決し、経営から退くことができる。

④譲受者は既存の診療所を承継することで、職員の採用や患者獲得に係るコスト等の削減が図れる。

（1）地域医療の存続

　診療所は職員、患者、取引先といった関係者を支える社会的公器という側面があります。従って、診療所経営の継続を促すための第三者承継は、地域医療の存続という点で大きな意義があるといえます。

①雇用の確保

　診療所の存続により雇用が継続されることになり、地域の活性化にもつながることになります。

②患者の利便性の確保

　診療所の存続により、安定した医療を受けることができます。医師会ではかかりつけ医を推奨しており、かかりつけ医の存在は、健康状態の管理、適切な治療法の選定・専門医の紹介、高齢者であればケアマネジャーとの連携を担う上でとても重要な役割を果たします。また、閉院による過去のカルテの消滅を防ぎ、医療連携が保たれることになります。

（2）譲渡者のメリット

①後継者問題の解決

　第三者承継を考える大きな理由としてよく挙げられるのが後継者問題であり、大きなメリットは後継者問題の解決です。

②経営からの勇退（創業者利潤の獲得）

　第三者承継により、実質的に経営から退くことになります。それに伴い、退職金や承継対価を受け取ることが可能になります。

　また、勇退に伴い、診療所の借入金に係る個人保証等からも解放され、ご家族の負担も軽減されることになります。

（3）譲受者のメリット

①雇用確保及び患者獲得に係るコスト等の削減

　新規開設・事業展開を検討する際、一からつくり上げるか、既存の診療所を承継し地盤を引き継ぐかの選択があります。

　新規開設をする場合には、事業計画を作成し、開業資金を集め、設備投資をし、開設に伴う煩雑な手続きが必要になります。

　加えて、職員を募集し（雇用確保）、地域への広告等（患者獲得）をすることにより、ようやくスタート地点に立つことができます。

　一方、既存の診療所を承継し地盤を引き継ぐ場合には、新規開設と同様資金調達は必要になりますが、新規開設と比較すると手続きの事務負担は相当軽減されます。

　また、職員や患者とのコミュニケーションはとても重要になりますが、新規開設のように雇用確保及び患者獲得を一から積み上げる必要はありません。

②新規展開のシナジー効果

　複数の診療所をグループ化する場合には、病床や診療科を効率よく配置することができる可能性があります。

　また、医療機器の設置、医療事務、仕入れ等を統合することができれば、経費削減による医業経営の安定化を図ることができます。

Q Q3. 第三者承継のデメリット（リスク）

診療所を譲渡することにした場合の私のデメリット（リスク）、相手方のデメリット（リスク）について教えてください。

A
①譲渡者は、情報漏洩による風評被害を受ける可能性がある。また、承継後に想定外の責任を問われる可能性がある。

②譲受者は、デューデリジェンス（Q18参照、以下DD）を適切に行わなかった結果、様々なリスクを抱えてしまう可能性がある。また、組織文化の統合に多大な時間と労力を要することになる。

（1）譲渡者のリスク

①情報漏洩による風評被害

　第三者承継は、ごく少数の信頼できる関係者のみで秘密裏に進めていく必要があります。検討段階での情報漏洩は、職員・患者へ大きな不安を与えてしまうことになります。その結果、承継実行前に職員の離職や、患者離れが起こる可能性があります。

　また、プロセスを踏んでいくにつれ、診療所内の秘密情報（職員の個人情報や財務情報等）を、譲受候補者に開示することになります。その情報が、本来の目的外で使用されてしまうことは大きなリスクとなりますので注意が必要です。

②承継後における想定外の責任

　最終契約において、譲渡者が譲受者に対して「表明保証」を行います（Q20参照）。表明保証とは、「診療所が問題を抱えていないことを表明し、それが誤りであれば責任を取る」と譲渡者が宣言するものです。従って、表明保証した内容と真実が異なっていた場合には、譲渡者が責任を負うことになり、損害賠償を請求されることもあります。

（2）譲受者のリスク

①承継後のリスクの顕在化

　第三者承継で診療所を受け入れる際には、DDを行い、財務諸表に記載の資産に価値があるか、財務諸表に記載のない債務（今後支払うことになる可能性がある債務）がないか、法律上適正に承継することが可能かなどあらゆるリスクを調査する必要があります。しかし、当該DDを適切に行わなかった結果、大きな問題が承継後に生じてしまう可能性があります。

②組織文化統合の難しさ

　第三者承継で最も難しいとされていることが、組織文化の統合です。

　承継後は、譲渡者・職員・患者・取引先・他の診療所とのコミュニケーションを密に取る必要があり、組織文化の統合が完成するにはさらに多大な時間と労力を要することになります。

　仮に統合がうまくいかない場合には、想定していた効果が得られない、つまり経営状況の悪化という最悪の結果につながることもあるので留意が必要です。

（3）第三者承継を成功させるために気をつけること

　上記のリスクを顕在化させないためにも、第三者承継におけるプロセスを一つずつ踏み、当事者間のコミュニケーションを怠らずに進めていきましょう。

　また、成就させることのみを目標とせず、懸念事項はお互いに共有することが成功への道となります。

メモ・覚書

承継の主な流れ（プロセス）

Q4. 医業承継検討、譲渡実行のタイミング

医業承継検討、譲渡実行のタイミングはどのように考えるのか教えてください。

①医業承継の検討時期は早めがいい。
②親族内後継者を見極め、予め話し合っておく。
③第三者承継が良いと判断した場合の対応。

　日々忙しく診療をしていると承継のことを考えるのが後回しになりがちです。医業承継のタイミング、方向性を早めに検討しておくことが、地域医療と院長の思いを次世代へうまく承継していくことにつながります。

（1）医業承継の検討時期

　高齢になったり、病気になったりと医業承継を真剣に検討される時期があると思います。できるだけそれ以前に承継を構想・検討しておくことが、成功する秘訣です。医業承継でいい相手を見つけるには時間がかかることがあり、検討する事項が多いため、焦って医業承継を進めてしまうと思わぬ失敗を招く恐れがあるためです。

　ご子息・ご息女等の親族内での承継を考える場合、後継者の地域医療への貢献に対する考え方がしっかりしているか、経営者としての素養をいかに引き出し伸ばすかが大事になりますので、後継者候補が誰か見極め、早めに承継の方向性・考え方について話をしておくことが大事です。

　他方、親族内で適切な後継者が見つからない場合は、第三者承継を検討していくことになります。承継の検討が遅れると、なかなか承継先が見つからず廃院になり、患者が信頼できるかかりつけ医をなくしたり、早めに動いていれば得られた承継対価を得られなくなったりする場合もあります。まだ早いと感じる頃から構想しておくことが大事です。構想が固まってきたら具体的に検討・相談に移れるようにできると良いです。

(2) 親族内後継者を見極め、予め話し合っておく

　親族内で承継する場合は、院長が築いてきた診療所を引き継ぐのに時間をかけることができます。できるだけ早い時期から、後継候補者の地域医療に対する考え方を聞き、経営者としての意識を醸成することで、スムーズな親族内承継を進めることが大事です。

　後継者の診療方針が地域医療ニーズとかけ離れている、患者や従業員とのコミュニケーションが難しい、経営計数に弱いなど、経営者としての意識や才覚が不十分な場合は、承継後に経営が難しくなる場合がありますので、早めの後継者の意識醸成・育成が重要です。

　いきなり後継者に引き継ぐと双方で思わぬ誤解が生じたり、うまく患者・従業員・地域での関係先・取引先等を引き継げなかったりする場合があります。後継者の候補が他の医療機関等で医師として十分に育ってきた段階で、非常勤で診療をしてもらうなどして、徐々に引き継いでいくのがスムーズな承継に重要です。

(3) 第三者承継が良いと判断した場合の対応

　親族内で医師がいない、親族の専門科目が地域ニーズと異なる、勤務医や研究職を続けたいなど、親族内承継が難しい場合は、自院を引き継いでくれる第三者への承継を検討していくことになります。

　第三者承継の場合、承継後のライフプランや譲渡希望額のほか、大切に育ててきた診療所の将来、地域医療を引き継ぐ上での思いの合致が重要となります。まず、ご自身にとって何が重要か優先順位を書き出す等をして、第三者承継をイメージしていくことが大事です。

　候補者探しには、地域の医師会に相談する、出身医局の仲間や知人に相談する、銀行等の金融機関や税理士等の専門家に相談するなど、いくつかの方法があります。

　知り合い経由であれば、双方のニーズ・相性を踏まえた紹介をしてくれる可能性もありますが、医局の仲間や知人の範囲では候補者を見つけるのが難しい場合がありますので、Q7にある流れで承継を進めていくことを考えることになります。

第２章　承継の主な流れ（プロセス）

Q5.相談先の選択

私は第三者承継を進めたいと考えています。相談先をどう選択すればいいか、各相談先の特徴含め教えてください。

① 相談先は、医師会、顧問税理士・弁護士、金融機関等、多岐にわたり、それぞれ得意とする業務がある。

② 「診療所」の第三者承継は、地域の医師会や顧問税理士・弁護士といった周囲の関係者の協力を得ながら自力で進めるケースが多い。

③ 自力での完結が困難な場合には、承継アドバイザーの選任を検討する。

（1）相談先

第三者承継を検討する場合の相談先は下記の通り整理できます。

【相談先と承継支援業務の概要】

承継支援業務 （担う業務を網掛け）	承継アドバイザー			
	有償		無償	
	① 金融機関 M＆A専門会社（※3）	② 税理士 会計士 弁護士	③ 医師会 医師協同組合 医師信用組合	④ 地域医療支援センター 事業引継ぎ支援センター（※4）
窓口相談	※1	※1	※2	
マッチング			※2	
ディールコーディネート				
コンサルティング				

※1 便宜的に有償区分しておりますが、相談内容により無償で対応する場合もあります。
※2 一部の地域の医師会や医師協同組合等では相談窓口を設けているところやマッチング支援を行っているところもあります。
※3 医業経営コンサルタントや医業承継士等、医療機関の第三者承継（M＆A）を支援する人（組織）をいいます。
※4 個人立の開業医のみが対象で医療法人は窓口相談の対象外です。

（2）相談先の特徴

①金融機関、M＆A専門会社

金融機関は幅広いネットワーク力を有しており、M＆A専門会社は分野ごとの事業拡大や新規開業の情報収集を得意としています。そのため、いずれもマッチング業務に長けている特徴があります。

②税理士、会計士、弁護士等

　顧問税理士・会計士、弁護士等は、経営者である院長に最も近く、診療所の内情を理解している存在であるため、良き相談相手といえます。専門分野（税務・法務・労務等）の視点から、コンサルティング業務を得意とします。

③医師会、医師協同組合、医師信用組合

　医師仲間が集う場では、同じ悩みを持つ人がいるかもしれません。また、医業を引き継ぐことができるのは医師です。そのため、医師会、医師協同組合、医師信用組合に相談窓口がある場合は、相談することも考えられます。

　また、地方行政が行うドクターバンク事業（地域の医師会が請け負う場合も多い）では、求人情報の公表や求職の紹介マッチング事業も行われており、引き継いでくれる医師を探すことができるような仕組みになっています。

④地域医療支援センター、事業引継ぎ支援センター

　地域医療支援センターでは、大学病院等と連携し医師の効率的な配置、医師のキャリア形成を手助けしています。第三者承継を検討したときに医師の配置等の視点から解決策が見つかるかもしれません。

　事業引継ぎ支援センター（中小企業基盤整備機構が支援）は、医業に限らず、様々な業種の相談窓口を設けています。各地域の事業引継ぎ支援センターのホームページから、無料相談の予約ができるようになっています。

（3）相談先の選任ポイント

　診療所の第三者承継は、地域の医師会や顧問税理士・弁護士といった周囲の関係者の協力を得ながら自力で進めるケースが多いのが実情です。仮に自力での完結が困難な場合には、承継アドバイザーの選任を検討することになります。

Q6. 承継支援業務の主な内容
承継支援業務にはどのような業務があるのか教えてください。

承継支援業務は、大きく4つの業務（窓口相談業務・マッチング業務・ディールコーディネート業務・コンサルティング業務）に分けられる。

（1）窓口相談業務

譲渡希望者からの悩みについて、その悩みの本質を理解し、診療所として向かう方向性（親族内承継・第三者承継・再生・診療所の廃止休止等）を譲渡希望者と一緒に探ります。一般的に、初回相談時には直近の業績や職員数等、診療所の状況を確認されることが多いため、直近の決算書等を準備しておくことをお勧めします。

（2）マッチング業務
①譲渡者の調査（概要書作成）

譲渡者の診療内容、財務状況、承継理由、承継希望条件、診療所の長所短所を把握し、当該概要を匿名でまとめた書類（匿名シート）（Q15参照）を作成します。

②譲受候補先の調査と選定

譲渡者の情報を把握した後、医療圏や地域医療等の観点から相乗効果を生み出す可能性のある譲受候補先、承継案件に興味がありそうな譲受候補先を選定します。（Q12参照）

③譲受候補先への初期打診

選定後、譲受候補先へ、匿名シートを開示し、初期打診を行います。

④譲受候補先との接触

興味を持った譲受候補先の意思決定のため、譲渡者の詳細情報をまとめた書類（IM：インフォメーションメモランダム）を開示し、さらに交渉を進めていくことになります。（Q16参照）

（3）ディールコーディネート業務

①案件の進捗管理

スムーズに承継が成就するようスケジュールの組み立て及び必要な手続きの進捗管理を行います。

②全体のコントロール

情報管理や懸念事項の確認及び調整等を行います。

（4）コンサルティング業務

①価値算定及び承継方法の立案

第三者に承継する際の診療所の価値を算定します。価値の算定方法は事業価値・出資持分価値等があります（**第5章参照**）。また、承継方法により、お金を受け取る人や生じる税金が変わってくるため、最適な承継方法を立案する必要があります（**第3章参照**）。

②各種契約書や議事録等の書類作成サポート

承継を進めるにあたって、診療所内での決議や、承継相手との契約が必要になります。法律的に有効な取引として進めるため、契約書や議事録の書類作成をサポートします。

③対象となる診療所の調査

第三者承継の際、譲受者は対象となる診療所の現状把握のため調査（デューデリジェンス）を行います。（**Q18参照**）

④条件交渉等に関するサポート

第三者承継を進める際に最も労力が必要とされる条件交渉について、承継方法や価格、職員の取扱い、引継ぎ期間等の双方の条件をまとめる役目を担います。

第2章　承継の主な流れ（プロセス）

Q7. 第三者承継のプロセス

診療所を譲渡することにした場合（第三者承継を進める場合）、どのような手順で進めていけばいいのですか。

①第三者承継は通常半年～1年以上の期間を要するため、早めの検討が必要となる。

②プロセスは3つのPHASE（検討PHASE・実行PHASE・実行後PHASE）に分けられる。

③「診療所」の第三者承継は、地域の医師会や顧問税理士・弁護士等の周囲の関係者の協力を得て進めるケースが多く、「病院」の第三者承継は、承継アドバイザーに依頼するケースが多く見受けられる。

（1）第三者承継のスケジュール

　第三者承継は、初期相談からクロージングまで少なくとも半年、希望とする承継先が見つからない場合には1年以上の期間を要することになります。

　また、互いの条件調整、従業員や行政等の関係者調整の事情により、スケジュールの短縮や延長が行われることになります。

（2）プロセスのポイント

　「検討PHASE」では第三者承継を進めるか否か、進める際の事前準備を行い（①～③）、「実行PHASE」では交渉・調査・契約を行います（④～⑥）。「実行後PHASE」は承継後の診療所の経営統合、新規体制の構築を行います（⑦）。

①初期相談

　顧問税理士や医師会、金融機関等への相談、第三者承継に関するセミナーに参加するなどして、ご自身の基本方針を固めます。

②承継アドバイザー選任の有無の検討

　承継に着手し完了するまでに必要とされる諸業務を理解し、顧問

税理士等周囲の関係者の協力支援がどこまで得られるかを確認の上、自力で進めることができるかを見極めます。自力での完結が難しいと判断される場合には、外部の承継アドバイザーの選任を視野に入れます。

③承継条件・承継方法（スキーム）の検討

承継条件及び承継方法を整理し、条件を受け入れてくれる候補先を探します。

④基本合意書の締結

譲渡者と譲受者との間で、おおよその条件や売買価格、スケジュールなどを盛り込んだ基本合意書を締結します。

⑤デューデリジェンスの実施

譲受者が診療所を承継するにあたって弊害となるものがないか確認します。

⑥最終契約書の締結

最終交渉等を経て、譲渡者と譲受者での決まりごとを記載した契約書を締結します。

⑦統合後の経営

診療所の引継ぎを受けた譲受者は、契約の切り替えや関係者との関係性構築等をきちんと行い、統合後の経営に支障をきたさないよう、また、当初想定したシナジー効果を得ることができるようにします。

（3）承継手順の整理

「診療所」の第三者承継は、地域の医師会や顧問税理士・弁護士といった周囲の関係者の協力を得ながら自力で進めるケースが多くなります。（30ページ「ケース1」参照）

一方、「病院」の第三者承継の場合は、承継アドバイザーに依頼し進めるケースが多く見受けられます。（31ページ「ケース2」参照）

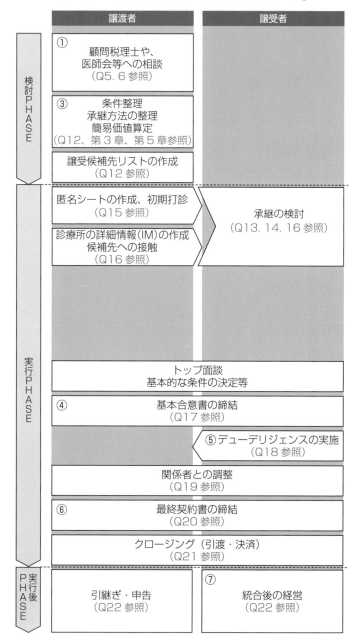

【ケース1：承継アドバイザーを選任しないケース】

譲渡者	譲受者
検討PHASE	
① 顧問税理士や、医師会等への相談（Q5.6参照）	
③ 条件整理 承継方法の整理 簡易価値算定（Q12、第3章、第5章参照）	
譲受候補先リストの作成（Q12参照）	
匿名シートの作成、初期打診（Q15参照）	承継の検討（Q13.14.16参照）
診療所の詳細情報（IM）の作成 候補先への接触（Q16参照）	
トップ面談 基本的な条件の決定等	
④ 基本合意書の締結（Q17参照）	
⑤ デューデリジェンスの実施（Q18参照）	
関係者との調整（Q19参照）	
⑥ 最終契約書の締結（Q20参照）	
クロージング（引渡・決済）（Q21参照）	
実行後PHASE	
引継ぎ・申告（Q22参照）	⑦ 統合後の経営（Q22参照）

【ケース2：承継アドバイザーを選任するケース】

承継アドバイザー	譲渡者	譲受者

検討PHASE

① 初期相談
（Q5.6 参照）

②承継アドバイザーの選任
（Q8 参照）

承継アドバイザーと契約
（Q9 参照）

③ 条件整理
承継方法の整理
簡易価値評価
（Q12、第3章、第5章参照）

譲受候補先リストの作成
（Q12 参照）

実行PHASE

匿名シートの作成、初期打診
（Q15 参照）

診療所の詳細情報(IM)の作成
候補先への接触
（Q16 参照）

承継の検討
（Q13.14.16 参照）

承継アドバイザーと契約
（Q9 参照）

トップ面談
基本的な条件の決定等

④ 基本合意書の締結
（Q17 参照）

⑤デューデリジェンスの実施
（Q18 参照）

関係者との調整
（Q19 参照）

⑥ 最終契約書の締結
（Q20 参照）

クロージング（引渡・決済）
（Q21 参照）

実行後PHASE

引継ぎ・申告
（Q22 参照）

⑦ 統合後の経営
（Q22 参照）

第2章　承継の主な流れ（プロセス）

31

Q Q8.承継アドバイザーの選任

承継アドバイザー選任の有無、選任の際の留意点等について教えてください。

A

①承継アドバイザーを選任するメリット・デメリットを理解した上で、選任の有無を決定する。

②承継アドバイザーを選任するポイントは下記の通りである。

・希望に沿った承継を進めてくれるか

・承継時だけでなく、承継後においても的確なアドバイスをくれるか

・特殊な医療業界における第三者承継実績が十分あるか

（1）承継アドバイザーを選任するメリット

承継アドバイザーを選任する場合の主なメリットは下記の通りです。

① 広い視野でマッチング先の提案を受けることができます。

② 財務分析や契約書の内容確認、条件交渉について、助言を受けることができます。

③ 進捗管理や当事者間の調整を一任することができます。

④ 第三者承継への対応に傾斜するあまり、本業に支障をきたす可能性を回避することができます。

⑤ 当事者間以外への情報漏洩のリスクを抑えることができます。

（2）承継アドバイザーを選任するデメリット

承継アドバイザーを選任する場合の主なデメリットは下記の通りです。

① 承継アドバイザーに対して報酬が発生します。

② 一任しすぎることにより、意に反した方向に進んでしまう可能性があります。

（3）承継アドバイザーの選び方

　承継アドバイザーを選任する際には、下記の点に留意して選ぶようにします。

①気持ちを汲み取ってくれますか？

　診療所、職員、患者を信頼し納得してお願いできる相手に引き継げるよう、希望に沿った承継を進めてくれる人、つまり、依頼者であるあなたのために動いてくれる人を選びます。

②承継後においても的確なアドバイスをくれますか？

　第三者承継においては、承継後の組織文化の統合に一番時間を要することになります。Q6の業務のうち、マッチング業務のみでは第三者承継は完結しません。

　その後においても、相談に乗ってくれる人を選びます。

③医療分野を得意とする人ですか（実績がありますか）？

　診療所の第三者承継は、「譲渡者良し・譲受者良し・地域（患者を含めた関係者）良し」だけでなく、「行政良し」の四方良し、が必要となる特殊な業界です。そのため、医療業界における承継アドバイザーとしての実績があるかどうかも大切な選択条件となります。

Q9. 承継アドバイザーとの契約

承継アドバイザーとはどのような契約をすれば良いのでしょうか。

①承継アドバイザーとの契約にはアドバイザリー方式と仲介方式があり、どちらの方式を採用するかによりサポート内容は異なる。

②秘密保持契約書及び業務委託契約書を締結する。

(1) 承継アドバイザーとの契約形態

承継アドバイザーとの契約には、「アドバイザリー方式」と「仲介方式」があります。

①アドバイザリー方式

譲渡者と譲受者がそれぞれ別の承継アドバイザーと契約を締結する方式で、承継アドバイザーは依頼者のために仕事をします。

依頼者の意向を交渉の際反映させることを重視する一方、相手の状況が見えないため交渉が長引く場合があります。

【アドバイザリー方式】

承継　　　　　　譲渡者　　　　　　譲受者　　　　　承継
アドバイザー　　　　　　　　　　　　　　　　　　アドバイザー

②仲介方式

譲渡者と譲受者が同一の承継アドバイザーと契約を締結する方式で、承継アドバイザーは双方のために中立的な仕事をします。

双方の状況が見えるため交渉が円滑に進みやすい一方、中立公平を維持できるアドバイザーを見極める必要があります。

【仲介方式】

譲渡者　　　　　承継　　　　　　譲受者
　　　　　　アドバイザー

(2) 承継アドバイザーとの契約

承継アドバイザーに依頼する場合、秘密保持契約及び業務委託契約を締結します。秘密保持契約については、業務委託契約書内に秘密保持条項が組み込まれる場合もあります。

①秘密保持契約書

承継アドバイザーに対して、診療所の財務資料等、書面・口頭を問わず、秘密情報を開示することになります。秘密情報の管理を徹底してもらうよう、秘密保持契約書は必ず交わします。（**Q11参照**）

②業務委託契約書

(イ)契約形態

専任契約か非専任契約かに分かれますが、情報管理の観点から一般的には専任契約で進めるケースが多く見受けられます。

【業務委託契約】

	専任	非専任
特徴	承継アドバイザーを1社に限定します	複数の承継アドバイザーに依頼します
メリット	・譲受候補先への情報の提示方法等のコントロールがしやすくなります	・視野の広い候補先の提示により、より良い候補先とのマッチングの可能性が高まります ・承継期間を短縮化できる可能性があります
デメリット	・一社に依存することになるため、承継が長期化してしまう可能性があります	・情報漏洩リスクが高まります ・承継アドバイザー同士の責任の所在が不透明となってしまう可能性があります

(ロ)直接交渉の禁止

一般的に、譲渡者である院長が譲受候補先等へ直接交渉をしてはならない旨の定めがされます。これは、承継アドバイザーが交渉をスムーズに進めるために情報管理を行う場合があるためです。また、当事者同士の面談等の接触を極力少なくすることにより、情報漏洩のリスク回避にもつながることになります。

Q10. 承継アドバイザーへの報酬

承継アドバイザーへ依頼する場合の費用について教えてください。

①承継アドバイザーの報酬形態は、レーマン方式、定額方式、月額方式があるが、「レーマン方式」が一般的である。

②承継アドバイザー報酬以外に別途費用が必要となる場合もある。

（1）承継アドバイザーの報酬形態

　承継アドバイザーの報酬形態は、下記の3つが考えられます。一般的に、譲渡者と承継アドバイザーの目線が一致しやすいレーマン方式が第三者承継でよく用いられます。

①レーマン方式

　第三者承継の対象となる診療所等の「価格」に着目し、下表（一般例）に当てはめて計算された報酬を支払う方法です。例えば譲渡価格が1億円の場合の報酬は500万円、2億円の場合は1,000万円というように価格に応じて報酬が変動するのが特徴です。

【レーマン方式（一般例）】

売買価格※1	手数料率※2
5億円以下の部分	5%
5億円超10億円以下の部分	4%
10億円超の部分	3%
最低報酬額500万円　※2	

※1　売買価格の定義：承継方法によって、金銭を受け取る人や受け取り方が変わってきます（第3章参照）。のれん（Q55参照）や退職金額を売買価格に含める場合等、報酬の対象となる価格は何を指すかを確認します。
※2　最低報酬額及び手数料率は承継アドバイザーにより異なるため確認が必要です。

②定額方式

　取引形態や売買価格等にかかわらず、第三者承継の対象となる診療所等の「規模」に着目し、一定額の報酬を支払う方法です。従ってレーマン方式のように報酬は変動せず、診療所の承継であれば○○円、病院の承継であれば○○円と定められるのが一般的です。

③月額方式

第三者承継に要する「期間」に着目し、月額で報酬を支払う方法です。イメージとしては定額方式により算定される報酬額と承継に係る想定期間から月額を算定することになります。従って、長期化した場合には、定額方式より高くなる可能性があります。

（2）報酬のポイント

承継アドバイザーから提示される報酬額は、当該アドバイザーの実績や経験値から決定されるのが一般的です。

診療所が1億円で第三者に承継される場合の報酬対比は、レーマン方式による報酬500万円を基準とし、他の報酬形態についても見積もりを依頼することをお勧めします。

【報酬形態別のポイント】

	報酬額	特徴
レーマン方式	500万円	最低報酬額はあるものの、できるだけ売買価格が高い承継ができるような心理が承継アドバイザーに生じます
定　額　方　式	※	規模を基準として報酬額を定めるため、承継に伴う価格と見合わない可能性があります
月　額　方　式	※	承継アドバイザーの経験から、承継に要する期間を推定し算定されますが、長期化する場合には見合わない可能性があります

※承継アドバイザーにより報酬額が異なります。

（3）費用負担

承継アドバイザーの業務内容によっては、他の専門家への依頼により別途報酬が発生する可能性がありますので、事前に承継アドバイザーの業務範囲を確認する必要があります。

（4）支払い方法

承継アドバイザーへの支払いは、第三者承継が成功した場合のみ支払いが発生する完全成功報酬（着手金、中間金等は一切なし）の場合と、成功の有無にかかわらず開始時に着手金等を支払う場合とがありますので、契約前に必ず確認するようにしましょう。

第2章　承継の主な流れ（プロセス）

Q11. 秘密保持契約の締結

第三者承継を進めていくにあたって、情報の取扱いについて教えてください。

①秘密情報が外部に漏洩しないよう、秘密保持契約を必ず締結する。

②秘密保持契約書には、「差し入れ方式」と「双方契約方式」がある。

（1）秘密保持契約書とは

　秘密保持契約書は、「NDA（Non-Disclosure Agreement）」や「CA（Confidential Agreement）」と略されます。

　第三者承継は、当事者の診療や財務諸表に重大な影響を及ぼすため、公表可能となる段階までは、第三者承継が検討されていること及びその内容が外部に漏れることを防止しなければなりません。

　また、必ずしも第三者承継が成立するとは限らず、第三者承継を進めるにあたって知り得た秘密情報を、他の第三者に開示しないこと、目的外に利用しないことなどを定めた秘密保持契約は必ず締結します。

（2）秘密保持契約書の内容

　秘密保持契約書には、一般的に下記の内容が記載されます。

①秘密情報とは

　口頭・文書を問うことなく、また、財務情報や個人情報に限らず、第三者承継の検討に際し開示される全ての情報で、一般に公表されている情報以外と定義づけられます。

②秘密保持義務

　目的外の使用禁止及び第三者へ漏洩禁止の旨が定められます。セカンドオピニオンなど、第三者への相談が想定される場合には、契約書内で規定される第三者から除外する人物の特定等工夫が必要と

なります。

③損害賠償責任

　一般的に、秘密保持義務違反と因果関係のある財産損害に限定し、損害の賠償を負う旨が定められます。

④契約の有効期間

　有効期間を定め、情報漏洩を防ぎます。ただし、有効期間満了後の情報漏洩が危惧される場合には、期間満了後に開示情報の全てを破棄または返却する旨の定めをするなど工夫が必要となります。

（3）秘密保持契約書の形態

①差し入れ方式とは　▶秘密保持誓約書の様式見本は40ページ

　一方が情報を開示し、他の一方が情報を開示しない場合には、他の一方のみが秘密保持義務を負う方式です。

　第三者承継のように、譲渡者のみが情報を開示する際に用いられます。この場合、譲受者のみが署名し、譲渡者に差し入れることになります。

【差し入れ方式】

秘密保持義務を負う

秘密保持誓約書

譲渡者　　　　　譲受者

②双方契約方式とは　▶秘密保持契約書の様式見本は44ページ

　双方が当事者となり両者が署名する方式です。

　譲渡者・譲受者間で一対一の交渉が行われる場合や、譲渡者も特別の義務を負う必要がある場合には、双方契約方式が用いられます。

【双方契約方式】

秘密保持義務を負う　　　　　　秘密保持義務を負う

秘密保持契約書　　　　秘密保持契約書　秘密保持契約書　秘密保持契約書

譲渡者　　譲受者　　　譲渡者　承継アドバイザー　承継アドバイザー　譲受者

【秘密保持誓約書（差し入れ方式）】

＜譲渡者・譲渡者側承継アドバイザー＞御中

秘密保持誓約書

　　　　　　　　（以下「譲受者」という。）は、医療機関等の経営承継（以下「本案件」という。）の可能性の検討にあたり、　　　　　　　（以下「譲渡者」という。）より提供を受ける情報の取扱いについて、以下の条項を遵守することを誓約します（以下「本誓約」という。）。

第1条（秘密情報の定義）

1. 本誓約において「秘密情報」とは、譲渡者が本案件遂行のために譲受者に開示する営業上、技術上又はその他の業務上の秘密性を有する一切の情報を意味するものとする。また、秘密情報は、書面（電子ファイルを含む。以下同様。）で開示される場合には、当該書面に秘密である旨を明示して譲受者に開示されるものとし、口頭で開示される場合には、譲渡者が、開示時点で秘密情報である旨を明確に示し、開示後10日以内に当該開示情報が秘密情報である旨の明示をした書面を譲受者に交付するものとする。

2. 前項の規定にかかわらず、次の各号のいずれかに該当するものは秘密情報に含まれない。

   ① 開示を受けた時、既に公知の情報

   ② 開示を受けた後、譲受者の責によらず公知となった情報

   ③ 開示を受ける以前から既に譲受者が適正に保有していたことを証明できる情報

   ④ 譲渡若しくは開示の権限を有する第三者から、譲受者が適法に入手

した情報

⑤　開示された情報を使用することなく、譲受者が独自に開発・発見した情報

⑥　秘密情報から除外することを譲渡者が文書で同意した情報

第2条（守秘義務）

1. 譲受者は、本誓約の条項及び本案件の内容等について、譲渡者の書面による同意を得ることなく、社外に公表しないものとする。ただし、デューデリジェンスを実施する弁護士、公認会計士、その他の譲渡者が公表に同意しているアドバイザー、及び、司法機関・行政機関からの法的手続に基づく請求のある場合には適用されないものとする。

2. 譲受者は、譲渡者から受領した秘密情報を自己の保有する同種の秘密情報に対する注意義務と同程度の注意義務をもって取扱い、厳重に管理するとともに、本案件の目的以外には使用しないものとする。

3. 譲受者は、譲渡者から受領した秘密情報を本案件の遂行のために知る必要のある必要最小限度の役員及び従業員（従業員には、社員、臨時又はパート社員、嘱託社員、派遣社員、アルバイト等を含む、以下同じ。）に対してのみ開示するものとし、当該役員及び従業員に対し本誓約を遵守させるものとする。また、譲渡者の書面による事前の承諾がない限り、これを複写・複製しないものとする。なお、譲渡者の書面による事前の承諾により複写・複製した秘密情報の取扱いについては、本誓約に掲げる秘密情報として取扱うものとする。

4. 譲受者は、譲渡者の書面による事前の承諾がない限り、受領した秘密情報を第三者に対し開示してはならないものとする。譲渡者の書面による事前の承諾を得て第三者に開示する場合には、譲受者は当該第三者との間で本誓約と同等の秘密保持契約を書面で締結し、当該第三者に当該契約を遵守させるものとする。なお、当該第三者の守秘義務違反については、

当該第三者と守秘義務に関する契約を締結した譲受者も責任を負うものとする。

5. 譲受者は、判決、決定、命令その他の司法上又は行政上の要請、要求又は命令により要求された場合、秘密情報を開示することができる。ただし、譲渡者がこれを争うことができるよう、譲受者は、直ちにかかる要請、要求又は命令について、譲渡者に通知するものとする。

第3条（秘密情報の返還）

本誓約が期間満了、解除又は解約により終了した場合若しくは譲渡者から秘密情報の返還を求められた場合、譲受者は当該秘密情報の使用を直ちに中止し、受領した秘密情報（その複写・複製物も含む。）を速やかに譲渡者に返還するものとする。ただし、返還に代えて破棄処分することを譲渡者が書面で指示した場合は、譲受者は、再利用等を防ぐため厳重なる注意をもって破棄するものとし、その破棄方法について事前に譲渡者の了解を得るとともに、事後に処分結果を報告するものとする。

第4条（有効期間）

本誓約は、本誓約締結日から発効し、＿＿年間、効力を有するものとする。

第5条（損害賠償）

譲受者は、本誓約に違反したことにより譲渡者に損害を与えた場合、譲渡者が被った損害を賠償するものとする。

第6条（紛争解決）

譲受者及び譲渡者は、本誓約書に定めのない事項については、譲受者及び譲渡者で真摯かつ誠実に協議して決定するものとする。

第7条（準拠法及び管轄裁判所）

　本誓約書の準拠法は日本法とし、本誓約書に関して生じる一切の紛争については、＿＿＿＿地方裁判所をもって第一審の専属的合意管轄裁判所とする。

以上、本誓約の証として本書面を作成し、譲受者が記名捺印の上、譲渡者に差し入れるものとする。

＿＿＿年＿＿＿月＿＿＿日

譲受者：住所＿＿＿＿＿＿＿＿＿＿＿＿＿＿

　　　　氏名＿＿＿＿＿＿＿＿＿＿＿＿印

第２章　承継の主な流れ（プロセス）

【秘密保持契約書（双方契約方式)】

秘密保持契約書

_____（以下「譲受者」という。）と_____（以下「譲渡者」という。）
は、医療機関等の経営承継（以下「本案件」という。）の可能性の検討にあ
たり、次のとおり契約（以下「本契約」という。）を締結する。

第1条（目的）

本契約は、本案件の実施に伴い、開示側当事者（以下「開示者」という。）
から受領側当事者（以下「受領者」という。）に開示される情報について、
その秘密保持を図ることを目的とする。

第2条（秘密情報の定義）

1. 本契約において「秘密情報」とは、譲受者及び譲渡者が本案件遂行のた
   めに相手方に開示する営業上、技術上又はその他の業務上の秘密性を有
   する一切の情報を意味するものとする。また、秘密情報は、書面（電子ファ
   イルを含む。以下同様。）で開示される場合には、当該書面に秘密である
   旨を明示して受領者に開示されるものとし、口頭で開示される場合には、
   開示者が、開示時点で秘密情報である旨を明確に示し、開示後10日以内
   に当該開示情報が秘密情報である旨の明示をした書面を受領者に交付す
   るものとする。

2. 前項の規定にかかわらず、次の各号のいずれかに該当するものは秘密情
   報に含まれない。
   ① 開示を受けた時、既に公知の情報
   ② 開示を受けた後、受領者の責によらず公知となった情報

③ 開示を受ける以前から既に受領者が適正に保有していたことを証明できる情報

④ 譲渡若しくは開示の権限を有する第三者から、受領者が適法に入手した情報

⑤ 開示された情報を使用することなく、受領者が独自に開発・発見した情報

⑥ 秘密情報から除外することを開示者が文書で同意した情報

第3条（守秘義務）

1. 譲受者及び譲渡者は、本契約の条項及び本案件の内容等について、相手方の書面による同意を得ることなく、社外に公表しないものとする。ただし、デューデリジェンスを実施する弁護士、公認会計士、その他の譲受者及び譲渡者が公表に同意しているアドバイザー、及び、司法機関及び行政機関からの法的手続に基づく請求のある場合には適用されないものとする。

2. 受領者は、開示者から受領した秘密情報を自己の保有する同種の秘密情報に対する注意義務と同程度の注意義務をもって取扱い、厳重に管理するとともに、本案件の目的以外には使用しないものとする。

3. 受領者は、開示者から受領した秘密情報を本案件の遂行のために知る必要のある必要最小限度の役員及び従業員（従業員には、社員、臨時又はパート社員、嘱託社員、派遣社員、アルバイト等を含む、以下同じ。）に対してのみ開示するものとし、当該役員及び従業員に対し本契約を遵守させるものとする。また、開示者の書面による事前の承諾がない限り、これを複写・複製しないものとする。なお、開示者の書面による事前の承諾により複写・複製した秘密情報の取扱いについては、本契約に掲げる秘密情報として取扱うものとする。

4. 受領者は、開示者の書面による事前の承諾がない限り、受領した秘密情報を第三者に対し開示してはならないものとする。相手方の書面による事前の承諾を得て第三者に開示する場合には、受領者は当該第三者との間で本契約と同等の秘密保持契約を書面で締結し、当該第三者に当該契約を遵守させるものとする。なお、当該第三者の守秘義務違反については、当該第三者と守秘義務に関する契約を締結した受領者も責任を負うものとする。

5. 受領者は、判決、決定、命令その他の司法上又は行政上の要請、要求又は命令により要求された場合、秘密情報を開示することができる。ただし、開示者がこれを争うことができるよう、受領者は、直ちにかかる要請、要求又は命令について、開示者に通知するものとする。

第4条（秘密情報の返還）

本契約が期間満了、解除又は解約により終了した場合若しくは開示者から秘密情報の返還を求められた場合、受領者は当該秘密情報の使用を直ちに中止し、受領した秘密情報（その複写・複製物も含む。）を速やかに開示者に返還するものとする。ただし、返還に代えて破棄処分することを開示者が書面で指示した場合は、受領者は、再利用等を防ぐため厳重なる注意をもって破棄するものとし、その破棄方法について事前に開示者の了解を得るとともに、事後に処分結果を報告するものとする。

第5条（有効期間）

本契約は、本契約締結日から発効し、＿＿＿年間効力を有するものとする。

第6条（損害賠償）

譲受者又は譲渡者は、本契約に違反したことにより相手方に損害を与えた

場合、相手方が被った通常の損害を賠償するものとする。

第7条（紛争解決）

譲受者及び譲渡者は、本契約書に定めのない事項については、譲受者及び譲渡者で真摯かつ誠実に協議して決定するものとする。

第8条（準拠法及び管轄裁判所）

本契約書の準拠法は日本法とし、本契約書に関して生じる一切の紛争については、＿＿＿＿地方裁判所をもって第一審の専属的合意管轄裁判所とする。

本契約書締結の証として本書を2通作成し、両当事者記名押印の上、各1通を保有する。

＿＿＿年＿＿＿月＿＿＿日

譲受者：住所＿＿＿＿＿＿＿＿＿＿＿＿＿＿＿

　　　　氏名＿＿＿＿＿＿＿＿＿＿＿＿＿印

譲渡者：住所＿＿＿＿＿＿＿＿＿＿＿＿＿＿＿

　　　　氏名＿＿＿＿＿＿＿＿＿＿＿＿＿印

第2章　承継の主な流れ（プロセス）

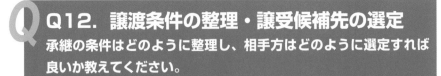

Q12. 譲渡条件の整理・譲受候補先の選定
承継の条件はどのように整理し、相手方はどのように選定すれば良いか教えてください。

①譲渡条件は、「地域医療の存続・風評被害の回避・創業者利益の獲得」の観点から整理し、当該譲渡者目線（譲渡条件）を理解してくれる相手方を見つける必要がある。
②条件を提示するタイミングは、候補先への打診時（Q15参照）、基本合意時（Q17参照）、最終契約時（Q20参照）である。
③承継候補先リストを作成し、候補先の洗い出しを行う。

（1）譲渡条件の整理

①地域医療の存続

　譲渡者にとって、地域医療の存続は最も重要な条件となります。診療所職員の雇用継続が守られ、患者が引き続き安心して医療が受けられるよう、譲受者に理解してもらう必要があります。

　雇用の継続については、現状の職員の勤務形態、勤務内容、労働条件等を整理し、同一条件での承継を譲受者に受け入れてもらえるよう交渉を行う必要があります。

　また、患者の利便性については、現在の診療科目、診療時間、診療体制の継続を図ることに理解してくれる候補者を選定する必要があります。

②レピュテーションリスク（風評被害）の回避

　第三者承継においては、引き継いでくれる医師の人柄や手腕も条件として挙げられます。医師の評判は、地域医療においてとても大きな影響を及ぼすことになります。

　第三者承継のプロセスの中で、譲受者となる医師と面談をすることになりますが、相手先の経営理念等の重要事項についてしっかり確認することが重要となります。

③創業者利益の獲得

　診療所を承継することで、退職金や営業権等の譲渡による利益を手にすることができ、いわゆる創業者利益を獲得することになります。

　当該診療所の客観的な価値につき、候補先にしっかり理解してもらった上で進める必要があります。

（2）条件交渉のタイミング

　上記で検討した内容は、候補先への打診時（Q15参照）に、匿名シートに記載されます。そこから、最終契約時（Q20参照）までに譲受者と条件交渉を重ねていくことになりますので、最初の条件の提示は重要なものといえます。

（3）譲受候補先リストの作成

　条件の整理をした後は、条件を受け入れてくれる候補先を探すことになります。そのためには、まず、実際に譲受候補先となり得る診療所等をリストアップし、打診をするか否かの検討を行います。

　リストアップでは、診療科目や診療規模、展開エリア、現院長や医師の体制等から、譲受者となり得る可能性のある候補先を洗い出すことになります。ホームページ等の公開情報に限らず、承継アドバイザー等の保有する情報を活用し、幅広い譲受候補先リストを作成することが成就する近道になります。

　リストアップされた譲受候補先リストから、診療所や院長との関係性等を勘案し、実際に打診を行うかどうかを検討します。

Q13. 譲受者の承継案件の選択

譲受者として、承継すべき案件をどのように選択すれば良いですか。

①診療所の選択は承継した後のイメージをつくることが重要である。
②地域の選択は承継がうまくいく・いかないを左右する。注意して検討する。
③譲渡者との信頼関係が大事である。

　診療所の承継すべき案件について、様々な諸条件を検討していくことになりますが、いくつかのポイントがあります。

（1）診療所の選択は承継した後のイメージをつくることが重要

　診療所を経営しようとする場合、新規で開業する場合と既にある診療所を承継する場合とがあります。いずれにしても、院長となった場合にどのような診療所を運営したいか、紙に書いてみるなどして、まずイメージをつくることが大事です。

　イメージができたら、それを簡単な事業計画にして、新規での開業と診療所の承継の両方のパターンを作成し、どちらがよりご自身のイメージに近いかを比較して検討していきます。

　事業計画で検討することは主に以下のものです。

　・診療科目、診療方針・内容
　・地域連携・広報等の患者を集める方法
　・土地・建物、設備、薬等の医療を支えるモノ
　・必要な従業員の職種、数、スキル、性格・相性
　・資金計画（収入・費用・利益の規模、借り入れ、資金繰り）

　新規開業の方がイメージに近ければ新規開業を選択します。しかし、近年は各地域で診療所が開業しており十分な患者を獲得するのが難しい場合があります。人手不足のなか、良い看護師・事務職員等の従業員を確保することも難しくなってきています。

　また、新規の開院は、患者を現実に獲得できているわけではなく、

開業に係る諸費用もあり、しばらく赤字になる可能性もあります。

　こうした課題を加味して、承継を検討することがプラスであると考えた場合や、最初から承継をメインに考えている場合、承継の方向を検討していきます。

　承継を検討する場合、医局の仲間や知人に、診療所の第三者への承継を考えている診療所がないか聞いてみる、もしくは医師会や承継アドバイザーなどに相談することになります。承継アドバイザーに相談する場合は、**Q7**で見た流れになります。

(2) 地域を選択する場合の注意点

　今まで働いてきた地域や土地勘のある地域であれば、患者動向や地域の医療機関等地域のイメージが得られやすく、承継後の診療所経営のイメージも湧きやすいため、承継がうまくいく可能性があります。

　他方、知らない土地での承継は、よくわからない部分が多いため、承継アドバイザーなどに相談しながら、承継した場合にうまくいくかどうかを綿密に精査・検討していくことが不可欠です。

(3) 譲渡者との信頼関係が大事

　医業承継では今まで地域で診療をしてこられた院長の医療にかける思い、患者や職員・不動産・機器等の目に見える部分と目に見えない地域での評判等の付加価値を承継していくため、信頼関係を築ける譲渡者を選択することが、承継後にうまく診療所を経営していく上で大事になってきます。

　譲渡者が今まで地域で培ってきた良い評判は、短期間で築けるものではありません。その評判を承継後に、ご自身の技術・人柄等でさらに向上させていくことで、イメージしていた診療所をつくっていくことが重要です。

　譲渡者となる院長の長年の労苦を慮りながら、しっかり話し合い、信頼関係を築いていけるように気を配りつつ、医業承継の話を進めていくのが成功への道です。

Q14. 譲受者の診療所経営者としての心構え、行動
承継後の診療所経営者としての心構え、行動を教えてください。

①経営者になることの意味・心構えが大切である。
②先代の院長との引継ぎを、期間を定めてしっかり行う。
③家族への相談が大事である。

（1）経営者になることの意味・心構え

　診療所を承継し、院長となると、医師であり、かつ同時に経営者になります。経営者としての心構えが不可欠です。特に勤務医が承継する場合は、様々な心構え、行動が必要になります。

　勤務医時代の臨床、研究に専念できた環境から、院長になると、「人」「モノ」「お金」をバランスよく生かし、地域医療へ貢献する経営者としての視点・行動が大事になります。

　「人」については、まず患者一人一人に親身に接し、継続的な良いコミュニケーションをつくっていくことで、地域での信頼を先代院長から引き継いで、より繁栄する診療所を築いていくことが大事です。

　また、従業員と良好な関係をつくり、良い人材を確保していくことも大事になります。現在の人手不足の時代に良い人材を確保するのは簡単ではないですが、良い従業員は診療所の繁栄を支えていきます。「人」の部分は院長がリーダーシップを取って進めることが重要です。

　コミュニケーションや良好な関係づくりがうまくいかないと、大事な患者が減ってしまいます。また支えてくれる従業員が去ると、診療以外の雑務が増えるなど、理想とする医療を進めていくのが難しくなります。日々診療や経営に追われていると忘れてしまうかもしれませんが、是非、患者や従業員等の気持ち・立場に立ったコミュニケーションを大事にしてみてください。

　「モノ」については、医療材料・機器・備品の購入・管理、不動産の管理・修繕等を行います。診療等にご自身が集中するために、信頼できる事務担当者等に任せる方が良い場合もあるでしょう。

「お金」については、診療所の収入・費用計画の策定からその実行まで、診療所の最終的な責任者として管理していくことになります。

出納や帳簿への記帳や決算等は従業員や税理士等の専門家に任せるとしても、収支のバランスや資金繰りを保ち、安定した収益を確保するなど、経営の手綱を常に締めていくことが不可欠です。

（2）先代の院長との引継ぎをしっかり行う

承継は、地域社会や医師会との関わり方、職員との関係等、多くのものを先代の院長から引き継ぎます。地域の患者に多く受診してもらい、良い従業員に継続して働いてもらうためにも、しっかりとした引継ぎが重要になります。

診療方針については、先代院長の医療への思いや患者との信頼関係を理解したスムーズな移行が大事です。診療方針が異なり、うまく説明できないと、患者の引継ぎ・維持がスムーズにいかない可能性もあります。先代院長とも相談しながら患者の理解を得るように努めることが必要です。

また、診療所は地域連携やかかりつけ医としての安心を提供する等、様々な意味で地域とつながっています。地域の方々や他の医療機関、地域医師会、金融機関等との付き合いの引継ぎも大事です。

引継ぎは期間を定めておくことが重要です。その中で、先代の院長を尊重し、急がず、しっかり引き継いでいくことが、地域に貢献し長く繁栄する診療所を築いていく近道です。

（3）家族への相談

院長になると、忙しいことのほかに、承継資金の返済等のお金のことやご子息・ご息女への教育・承継をどうするかなど、ご家族との相談が大事になってきます。ご家族とあまり相談しないで進めると、後で軋轢を生む可能性もあります。診療所経営をしていく思いや資産、後継者の教育のことなどを、ご家族と話されることをお勧めします。家族の協力をうまく得ることが成功のための一つのポイントです。

Q15. 譲受候補先への打診

譲受候補先への打診はどのように進めていけば良いか、教えてください。

① まずは、譲受候補先の承継に関する関心度合いを探るために匿名シート（譲渡者の情報を簡易にまとめた匿名資料）による初期打診を行う。

② 匿名シートに記載する事項については、譲渡者の名称が特定されないよう留意しながらも譲受候補先に興味を持ってもらえるように提供する情報を工夫する必要がある。

(1) 匿名シートとは

　ここからは承継を実行する段階に入ります。譲渡条件や承継方法等これまで検討した戦略を譲受候補先との交渉を踏まえて一歩一歩進めていきます。

　まずは、譲受候補先が当該承継案件に興味があるか、その意向を確認する必要があります。そのためには、譲渡者の運営する診療所がどのような診療所であるかを知ってもらう必要があります。

　しかしながら、譲渡者の情報を多く提供してしまうと、どこの診療所か特定されてしまう恐れもあるため、提供する情報には細心の注意を払う必要があります。

　そこで、譲渡者の情報を簡易にまとめた匿名資料を作成し、譲受候補先へ手交します。手交する当該匿名資料のことを匿名シートといいます。

(2) 匿名シート記載事項のポイント

　匿名シートは、次ページのように通常A4用紙1枚程度に譲渡者の情報を簡易にまとめます。

　ポイントは、譲渡者の名称が特定されないように留意しながらも譲受候補先に興味を持ってもらい、次のステップに進んでもらえる

ような情報を記載することです。

①事業内容・所在地

都道府県単位で記載すると範囲が広すぎるため、二次医療圏単位で記載することもあります。行っている事業内容も勘案しながら特定されないであろう範囲で絞り込みます。

②財務状況

譲受候補先が承継イメージを持ちやすいように主要な財務状況を記載します。純資産と売上の金額を記載することで譲渡者の規模感がつかめます。不動産情報（建物・土地・地代家賃）を記載することで事業用不動産が自己所有なのか賃借なのかがわかります。

営業利益や減価償却費、有利子負債を記載することで、承継後にどのくらいのキャッシュフローが期待できるかの予測がつきます。

【匿名シートの記載例】

医業承継に関するご案内

Ⅰ　本件の概要

・後継者不在による診療所の医業承継

Ⅱ　事業概要

・事業内容：診療所の運営

・診療科目：内科

・所在地：東京都

・病床規模：無床

Ⅲ　取引条件

・希望する従業員の継続雇用（最低○年は同一条件以上）

Ⅳ　財務状況（直近年度）　　　　　　　　（単位：百万円）

項目	金額		項目	金額
純資産	○○		売上	○○
現預金	○○		営業利益	○○
建物	○○		減価償却費	○○
土地	○○		役員報酬	○○
有利子負債	○○		地代家賃	○○

Q16. 譲受候補先との接触

譲受候補先への打診後、相手方が承継に関心を持った場合には、その後どのように進めていけば良いか教えてください。

①譲受候補先と秘密保持契約を締結し、譲渡者の名前を開示する。
②譲渡者は診療所の詳細情報（以下、IM：インフォメーションメモランダム）を譲受候補先に配布する。
③譲受候補先は、診療所のIMを基に譲渡者の初期分析を行い、次のステップに進むかを検討する。
④譲受候補先が複数いる場合は意向表明書を取得する。

（1）秘密保持契約の締結

　譲受候補先が譲渡者の提供した匿名シートに興味を持ったら、ここからようやく具体的に承継案件がスタートします。

　まず、譲受候補先に譲渡者の名称を伝えます。そして、譲受候補先と譲渡者で秘密保持契約（具体的な秘密保持契約の内容は**Q11参照**）を締結し、譲受候補先に必要な情報を開示できる状態にします。

（2）診療所の詳細情報（IM）とは

　譲渡者は譲受候補先に案件を具体的に検討してもらうために、診療所のIMを譲受候補先へ配布します。IMは譲渡者の「事業内容」「財務状況」「承継の条件」等を詳細にまとめたものになります。

（3）譲受候補先による初期分析

　譲受候補先は、IMを取得したら譲渡者の初期分析を行います。承継アドバイザーに依頼する場合はこの時点で行うことが一般的です。しかし、案件の規模にもよりますが、まずは顧問の弁護士や税理士に相談してみることをお勧めします。

　なお、初期分析の主な内容は、財務分析・期待されるシナジー効

果、懸念されるリスク、簡易の買収価格算定等です。

(4) IM記載のポイント

　IMは主に以下の項目を記載します。譲受候補先が次のステップに進むか否かの判断ができるよう、わかりやすい情報提供を意識する必要があります。

【診療所の詳細情報（IM）の記載例】

Information Memorandum

①本件取引の概要
　・本件取引の目的、背景
　・対象事業及び本件取引における基本的条件
　・想定ストラクチャー（承継方法）

②診療所の概要
　・診療所の概要
　・診療所の沿革
　・出資者・社員・役員の状況（医療法人の場合）
　・組織図
　・診療科別医師略歴
　・看護師・その他職員の数
　・対象診療所の資産の概要

③財務概要
　・3期比較BS
　・3期比較PL

④業績概要
　・診療等の実績
　・職員の給与の状況
　・許認可等の概要

⑤主要契約
　・不動産、土地貸借契約
　・委託契約

---

①本件取引の概要

当該承継に関する全体像を記載する部分になります。譲渡者が譲受候補先に求める条件面等について記載します。

例えば、条件面においては、診療所に所属する従業員のうち希望する者全員の雇用を継続することなどが挙げられます。譲渡者が譲受候補先に求める最低限の条件を記載します。

②診療所の概要

承継の対象となる診療所（法人格の承継の場合は医療法人）に関する基礎的な情報を記載する部分になります。

名　　　称	医療法人○○
所 在 地	東京都千代田区○○○
代 表 者	理事長○○
設　　　立	○年○月○日
診療科目	○○科
病 床 数	○○床
従業員数	○○名
主要取引先	
主要取引金融機関	

③財務概要

過去の税務申告書等の数値情報を記載します。

科目	1期		2期		3期		1期～2期 増減	2期～3期 増減
	金額	構成比	金額	構成比	金額	構成比		
流 動 資 産								
固 定 資 産								
資 産 の 部 合 計								
流 動 負 債								
固 定 負 債								
負 債 の 部 合 計								
資 本 金								
利 益 剰 余 金								
純 資 産 の 部 合 計								

④業績概要

　診療所の売上や人件費等に関する情報を記載します。例えば、売上については稼働状況の推移・診療科別収入の推移・診療科別患者数の推移・診療科別単価の推移等を記載します。人件費については、職種別・年齢別の平均給与の状況等を記載します。

科目	1期		2期		3期		1期〜2期増減	2期〜3期増減
	金額	構成比	金額	構成比	金額	構成比		
売　上　高								
売　上　原　価								
売　上　総　利　益								
営　業　利　益								
経　常　利　益								
税引前当期純利益								
税引後当期純利益								

⑤主要契約

　賃借不動産やリース物件、委託事業等がある場合は契約内容を記載します。

（5）譲受候補先が複数想定される場合

　基本的には譲受候補先と相対で協議することが想定されますが、譲受候補先が複数想定される場合には、譲受候補先が承継に際し希望する事項を記載した書類を提出してもらいます。当該書類を意向表明書といいます。譲渡者は意向表明書を参照しながら具体的に協議を進めていく譲受候補先を絞り込みます。

【意向表明書の記載例】

意向表明書

Ⅰ　承継後の運営プラン
Ⅱ　譲受希望価格及び譲受方法
Ⅲ　従業員の処遇
Ⅳ　資金調達の方法
Ⅴ　付帯条項

Q17. 基本合意書のポイント
基本合意書に盛り込むべき内容について教えてください。

基本合意書には、主として以下の項目を盛り込む。
- **承継方法、対価**
- **基本条件・スケジュール**
- **独占交渉権**
- **デューデリジェンス（Q18参照、以下DD）への協力義務**

（1）基本合意書とは　　▶基本合意書の様式見本は62ページ

　基本合意書とは、譲受候補先が一つに絞られ、譲渡の基本的な条件が決まった後に譲渡者と譲受者との間で締結するものです。

　原則として、基本合意書には法的拘束力が存在しないとされますので、基本合意書に反して最終契約まで至らなかったとしても、それに対するペナルティはありません。しかし、承継方法、対価、スケジュール等について書面で明確化することで、譲渡者と譲受者それぞれに最終契約締結に向けた協力を促す意味があります。

　規模が大きくない第三者承継においては、基本合意書を締結せずに第三者承継を進めることも少なくありませんが、第三者承継を進める合意ができた場合には、基本合意書を締結してそれ以降の手続きに進む方が無難です。

（2）基本合意書に盛り込む内容

　基本合意書に盛り込む内容は以下の通りです。

①承継方法、対価

　何を譲渡するか、対価をどのように渡すかなどを定めます。

　例えば、出資持分を○○円で譲渡する、退任する理事に対し○○円の退職金を支払う、それらと同日に社員の交代、理事・監事の交代、新理事長の選任を行うなどと定めます。

②**基本条件・スケジュール**

　上記以外に合意している基本条件があれば、それも記載します。従業員の処遇等、第三者承継実行後の事項についても盛り込むことがあります。また、スケジュールも努力目標として定めることがあります。

③**独占交渉権**

　譲受者とすれば、DD等に多額の費用をかけなければならないにもかかわらず、譲渡者が他に譲受者を探し続けるのを避けたい気持ちがあります。

　そのため、一定期間、譲渡者は他の譲受者と交渉できないとする独占交渉権を定めます。この独占交渉権については、法的拘束力を有することとされ、譲渡者がこの条項に違反した場合は、譲受者に対し損害賠償責任を負う可能性があります。

④**DDへの協力義務**

　基本合意書締結後、譲受者は診療所に対してDDを実施します。DDに備えて、譲渡者や対象診療所の協力義務を定めるのが一般的です。

基本合意書

＿＿＿＿＿（以下「譲渡者」という。）と＿＿＿＿＿（以下「譲受者」という。）とは、＿＿＿＿＿（以下「対象医療法人」という。主たる事務所：＿＿＿＿＿、代表者：＿＿＿＿＿）の経営権承継に関し、以下のとおり基本的な合意に達したので、ここに基本合意書（以下「本合意書」という。）を締結する。

第1条（目的）

譲渡者と譲受者は、譲渡者と譲受者が別途合意する日において、以下の取引を行うことを合意する（以下、(1) から (4) の行為を「本件取引」という。）。ただし、正式な対価は、最終契約締結時に両当事者の協議により決定する。

(1) 譲渡者が、譲渡者が有する対象医療法人の出資持分の全て（以下「本件持分」という。）を譲受者に譲渡すること

(2) 対象医療法人の社員の入社及び退社、役員の辞任、新任役員の選任並びに理事長の選任

(3) 譲受者が、譲渡者に対し、本件持分の対価＿＿＿＿＿円を支払うこと

(4) 対象医療法人の理事の退任に伴い、対象医療法人が退任する理事に対し退職金＿＿＿＿＿円を支払うこと

第2条（基本日程）

譲渡者及び譲受者は、以下の基本日程を目標として本件を実行する。

＿＿＿年＿＿月＿＿日：本合意書締結

＿＿＿年＿＿月＿＿日：第4条に定めるデューデリジェンスの開始

＿＿＿年＿＿月＿＿日：最終契約書の締結

＿＿＿年＿＿月＿＿日：本件取引の実行

第3条（独占交渉権）

譲渡者は、本合意書の有効期間中は他のいかなる者との間でも、対象医療法人の合併、出資持分の譲渡等の提携及びそれに類する行為並びにそれに関する交渉を行ってはならない。

第4条（デューデリジェンスへの協力）

1. 譲受者は、本合意書締結の日から2カ月を目処に、対象医療法人の事業及び財務内容の実在性・妥当性を検証するために、対象医療法人に対する調査（以下「デューデリジェンス」という。）を行うことができるものとし、譲渡者は対象医療法人をして、これに協力させなければならない。
2. 譲受者は、デューデリジェンスにより事前開示資料の内容に重大な誤り又は変動があることが判明し、これにより本件取引の目的を達成することができないと合理的に認めるときは、最終契約の締結を拒絶することができる。

第5条（協力義務）

譲渡者及び譲受者は本合意書の締結後、デューデリジェンスの実施のほか、本件取引を実行するのに必要な契約及び社内手続を速やかに実施し、＿＿＿年＿＿＿月＿＿＿日までに、最終契約の締結ができるよう誠実に協力する。また、譲渡者はかかる事項について、対象医療法人の協力を得るものとする。

第6条（従業員の雇用）

譲受者は、対象医療法人が本件取引実行時点において雇用している正社員及びパートタイマーについて、本件取引実行後も＿＿＿年間は同一条件で雇用することを確約する。

第7条（事業の引継ぎ等）

譲渡者は、本件取引実行後＿＿＿年間、譲受者が対象医療法人の経営を行うにあたり、譲受者に対して対象医療法人の事業の引継ぎ及び経営における

助言等の支援を行う。

第8条（秘密保持）

譲渡者及び譲受者との間で、＿＿年＿＿月＿＿日付で締結された秘密保持契約は、本合意書締結後も有効であることを確認する。

第9条（有効期間）

本合意書は本合意書締結の日より発効し、本合意書が解除される場合又は最終契約書が締結された場合を除き、＿＿年＿＿月＿＿日までは有効に存続する。

第10条（解除）

譲渡者及び譲受者は、本合意書の有効期間中といえども、相手方が本合意書に違反した場合（ただし次条により法的拘束力を有する条項に違反したときに限る。）もしくは相手方の故意または重過失により本合意書の目的が達成できない場合は、相手方に対する書面による催告後、本合意書を解除することができる。

第11条（法的拘束力）

本合意書は、第3条、第8条、第9条、第10及び第13条を除き、法的拘束力を有しないものとし、いずれの当事者に対しても、最終契約書を締結する法的な義務及び本件取引を実行すべき法的義務を負担させるものではない。

第12条（協議解決）

譲渡者及び譲受者は、本合意書に定めのない事項については、譲渡者及び譲受者で真摯かつ誠実に協議して決定するものとする。

第13条（準拠法及び管轄裁判所）

本合意書の準拠法は日本法とし、本合意書に関して生じる一切の紛争については、_____地方裁判所をもって第一審の専属的合意管轄裁判所とする。

本合意書締結の証として本書を2通作成し、両当事者記名押印の上、各1通を保有する。

___年___月___日

　　　　　　　　譲渡者：住所_____

　　　　　　　　　　　　氏名_____印

　　　　　　　　譲受者：住所_____

　　　　　　　　　　　　氏名_____印

第2章　承継の主な流れ（プロセス）

Q18. 譲受者によるデューデリジェンス(DD)

私は、このたび診療所を承継することになりました。承継する際DDが必要と聞いたのですが、DDはどのようなことを行うのか教えてください。

①DDとは、譲受者が対象となる診療所の価値やリスクを詳しく把握するために実施する詳細調査をいう。
②DDには、「財務・税務DD」「事業DD」「人事労務DD」「法務DD」等の種類があり、承継アドバイザーとは別に外部専門家に委託することが一般的である。

(1) デューデリジェンスとは

基本合意書において譲渡者と譲受者双方で主要な条件面について合意をしました（**Q17参照**）が、基本合意書の締結までは譲渡者の提供する資料や情報に基づいて譲受者が判断していたにすぎません。譲受者としては、最終合意契約に向けてより詳細な調査を行い、当該資料や情報の適正性を検証する必要があります。

そこで、分野ごとに行う詳細な調査をデューデリジェンス（略して「DD」とも呼ばれます。以下DD）といいます。DDの主な目的は「最終契約書を作成するための現状把握」にあります。最終契約書には、承継価格のみではなく、承継後に各種リスクが生じた場合の損害賠償に関する事項や、職員の雇用条件に関する事項等が記載されるため、譲受者にとっては非常に重要な位置づけとなります。なお、DDは承継アドバイザーとは別に外部専門家に依頼するケースが一般的です。（**第6章参照**）

(2) DDの種類

DDは調査を行う分野に応じて以下のように大別されます。

必ずしも全ての分野の調査を行う必要はありませんが、「財務・税務DD」については行われるのが一般的です。案件の特性に応じ

てどの分野のDDを行うのが望ましいか、承継アドバイザーとよく相談する必要があります。

①財務・税務DD

財務・税務DDとは、譲受者が対象となる診療所の過去の決算書類及び税務申告書類等を基に、財務及び税務上のリスクを確認するための調査です。また、承継価格の算定にあたっては、承継後の事業計画はとても重要な位置づけとなります。この部分については、診療所そのものの損益予測が重要となるため、事業DDの担当者と連携を取りながら進めていく部分となります。財務・税務DDは、公認会計士、税理士等に委託することが一般的です。

②事業DD

事業DDとは、譲受者が対象となる診療所の事業上の特性を把握し、承継後にどのようなシナジーが見込めるか、どのようなリスクが存在するかを確認するための調査です。また、事業DDの結果に基づき承継後の事業計画が作成されることになるため、財務・税務DDの担当者との連携が重要となります。事業DDは、基本的には譲受者自らが実施するケースが多くあります。仮に外部委託する場合は、医療系のコンサルティング会社等へ委託するのが一般的です。

③人事労務DD

人事労務DDとは、譲受者が対象となる診療所の人員構成や給与支給状況等を把握し、現状におけるリスクを確認するための調査です。その結果を踏まえて承継後の人員戦略を立案します。人事労務DDは、弁護士、社会保険労務士等に委託するのが一般的です。

④法務DD

法務DDとは、譲受者が対象となる診療所の法的なリスクを網羅的に洗い出すための調査です。調査結果によっては、承継方法や承継価格に影響する事項もあり、最終合意契約の締結にあたって、譲渡者と協議すべき事項がまとめられます。法務DDは、弁護士に委託するのが一般的です。

Q19. 関係者との事前調整

診療所の承継を実行するにあたって、関係者とどのような調整を事前に行っておく必要があるか教えてください。

①診療所の承継を実行する際の関係者とは、主に行政、従業員、取引先等が該当する。

②診療所の開設主体が変更になる場合、開設スケジュール等を作成し、事前に行政へ相談しておく必要がある。

(1) 承継を行う際の関係者とは

承継を実行する際には、譲渡者・譲受者といった承継当事者以外にも、行政、従業員、取引先等様々な関係者が登場します。

関係者との調整が上手くまとまらないと、承継を実行すること自体が難しくなる場合もあるため、想定される関係者への対応については十分に留意する必要があります。

主な関係者との調整のポイントは以下の通りとなります。

①行政

承継の際には、診療所の廃止、開設（開設主体が変更になる場合）・定款変更（医療法人が関連する場合）等が必要となります。

手続き先は都道府県や所轄保健所等になりますが、行政の自主性を重んじている側面もあり、細部については画一的なルールが定まっていないのが現状です。

そのため、手続き先ごとに異なった対応を求められる場合もあり、事前にどのような対応が必要となるかを確認する必要があります。特に承継しようとしている診療所に病床がある場合には病床の引継ぎが認められないケースがあるため、事前に実行可否について必ず確認することが重要です。

②従業員（詳細はQ50、Q51参照）

勤務する従業員は、承継後は新しい経営者の下で働くことになります。承継直後に一斉に従業員が離職してしまっては、引き継いだ

譲受者からすると診療所の運営すらできない状況となってしまいます。

　そのため、承継後離職がおこらないようにするにはどうすればよいのか、仮に退職者が出た場合には退職金額はどれくらいになるのかなど、従業員に関する情報は承継前にしっかり把握しておく必要があります。

　現状把握の際に、特に重要となるのが現在の労働条件の確認です。一般的に現在の労働条件については、一定期間引き継ぐことが多いため、結果として従業員に不利益は生じませんが、院長が変わることは従業員にとって、大変な驚きと不安を与えることになるため、従業員への丁寧な説明を行うことが重要です。

③取引先

　主な取引先として想定されるのは、薬品等の仕入業者・金融機関・リース会社・不動産賃貸人等が挙げられます。取引先との契約書がある場合には、契約内容を確認した上で承継実行に際し事前に行うべき事項を把握します。

　また、金融機関からの借り入れがある場合には、連帯保証や連帯債務に関する手続き等も承継を行うにあたって障害とならないかを確認する必要があります。不動産を賃借している場合には、経営者が変更になっても引き続き賃貸を継続してもらえるかの確認も必要になります。

(2) 行政対応に関する留意点

　行政対応については、承継後に診療所の開設主体が変更になるか否かによって事前の調整内容は大きく変わります。

　例えば、医療法人が開設主体である診療所をそのまま譲受者が承継するケースにおいては、開設主体に変更がないため、新規の開設手続きは生じません。

　一方、個人が開設主体である診療所を承継する場合には、必ず譲受側で新規の開設手続きが必要になりますので、前もって行政に相談することをお勧めします。

Q20. 最終契約書作成のポイント
最終契約書に盛り込むべき内容について教えてください。

最終契約書には、主として以下の項目を盛り込む。
- ・クロージング（Q21参照）の方法
- ・対価とその支払い方法
- ・クロージングの前提条件
- ・譲渡者・譲受者の誓約事項
- ・譲渡者・譲受者の表明保証
- ・問題が起きた場合の損害賠償の範囲

（1）最終契約書とは

　最終契約書とは、譲受者によるデューデリジェンス（DD）が終了した後に、第三者承継の具体的な実行の条件を決めるため、譲渡者と譲受者で締結するものです。

　基本合意書とは異なり、最終契約書は法的拘束力があるため、これに署名押印すると、譲渡者と譲受者は法的にその内容を実現する義務を負うことになります。そのため、最終契約書で合意した内容に違反した場合、相手方から損害賠償請求を受けるおそれがあります。

　基本合意書を締結せずに行う第三者承継は多くありますが、最終契約書を締結せずに行う第三者承継はまずありません。最終契約書は、最終契約締結後の譲渡者と譲受者の義務を定める非常に重要なものです。最終契約書を作成するのは通常弁護士ですが、どのような内容が盛り込まれるのかは理解しておきましょう。

（2）最終契約書に盛り込む内容

　最終契約書に盛り込む内容のうち、主なものは以下の①から⑥の通りです。

　大きく分けると、①・②・③・④はクロージングまでに譲渡者・

譲受者の行うべきこと（または行ってはいけないこと）を定めるもので、⑤・⑥はクロージング後に問題が発生した場合の譲渡者と譲受者の責任の負担を定めるものです。

①クロージングの方法

クロージングの日程をいつにするかを決めた上で、クロージング日にどういう順序で手続きを実行していくかの詳細を定めます。

②対価とその支払い方法

クロージングの流れに応じて、対価を誰がどのように支払うかも定めます。

③クロージングの前提条件

クロージングまでに、譲渡者と譲受者が行わなければならないことを定めます。

例えば、DDにおいて、対象の診療所が締結している取引契約書の中に、チェンジオブコントロール条項（株主・経営主体等に変動がある場合には、取引相手方に契約解除等を認める条項）が含まれる契約書が発見されることがあります。その場合は、譲受者は、譲渡者に対し、クロージングまでにその取引相手方から経営主体が変動しても引き続き取引を継続する旨の同意を取得しておくよう求め、それを最終契約書に定めます。

クロージング前提条件を定める場合には、譲渡者と譲受者が最終契約書に署名押印する最終契約締結日と、クロージング日を分けるのが一般的です。

④譲渡者・譲受者の誓約事項

第三者承継を行う前提として、譲渡者としては、従業員の雇用を継続してほしい、金融機関からの借り入れについて譲渡者を保証人から外してほしいなど、譲受者に対する要望があります。

一方、譲受者としても、譲渡者に対して、最終契約締結後、クロージングまでに、日常的な業務以外は行わないでほしいなどの要望が出てきます。

　これらについては、譲渡者・譲受者それぞれの誓約事項として、最終契約書に定めます。契約書上は「誓約事項」と表現されますが、単に譲渡者と譲受者の「約束事項」と考えて問題ありません。

⑤譲渡者・譲受者の表明保証

　譲受者は、対象の診療所についてDDを行っていますが、限られた時間・人的資源の中での調査ですので、診療所の詳細全てを調査することはできません。

　譲受者のDDで見つからなかった問題点を原因として譲受者に損害が発生した場合、譲渡者の責任を追及できないとなると、譲受者としては第三者承継の実行を躊躇してしまいます。

　そのため、第三者承継では一般に、譲渡者が対象法人の一定の事項について、それが真実であり正確であることを表明し、表明したことを保証する内容の定めをおきます。これを「表明保証」といいます。

　表明保証は、第三者承継や株式会社のM＆Aでよく出てくる概念ですが、わかりやすく言うと「譲渡者が診療所が問題を抱えていないことを表明して、もしそれが誤りであれば責任を取りますと宣言するもの」です。表明保証はあくまでも譲受者が把握できない問題点に対応するものなので、DDなどで発見された問題点については表明保証の対象とはなりません。DDで発見された問題点については譲受者も把握しており、その問題点が対価に反映されていると考えるため、表明保証の対象とされないのです。

　表明保証の対象は多岐にわたりますが、例えば、譲受者が診療所を経営するための許認可を全て取得していること、計算書類が適正に作成されてきたこと、過去に適正に納税してきたこと、診療報酬の不正請求を行っていないこと、診療所が従業員や患者との間の訴

訟やトラブルを抱えていないことなどが表明保証の対象となります。

⑥問題が起きた場合の損害賠償の範囲

　さらに、第三者承継実行後、診療所に問題が発生し、その補填のために費用を支出しなければならないこともあり得ます。④や⑤で定めた誓約事項や表明保証に違反したことが原因で、このような費用を支払わなければならなくなった場合には、相手方にその賠償を請求できる内容の条項を定めます。

　例えば、その診療所では、第三者承継以前に患者から医療事故を原因として損害賠償を請求されていたとします。それにもかかわらず、譲渡者が譲受者に対し、患者との間の訴訟やトラブルはないという内容の表明保証をしたらどうなるのでしょうか。訴訟やトラブルがないという表明保証をしたにもかかわらず、それが虚偽であった場合には、表明保証違反となります。

　表明保証違反を原因として、譲受者が損害を被った場合には、譲受者はその金額を譲渡者に請求できることになります。最終契約書では、損害賠償請求ができる理由、損害賠償額の範囲、損害賠償請求ができる期限等を定めておきます。

Q A Q21. クロージング手続き
クロージング手続きについて教えてください。

①クロージングとは目的物の引き渡しと、引き渡しに伴う代金決済を行う承継の最終段階における手続きをいう。なお、医療機関のクロージング手続きは、行政対応に大きな特徴がある。

②医療法人を承継する場合には、法人格をそのまま承継するため手続きは比較的簡素となる。

③個人診療所を承継する場合には、開設主体が新しく変更になるため手続きが煩雑になる。

（1）クロージングとは

　クロージングとは、譲渡者が承継の目的物（鍵・預金通帳・印鑑・権利証等）を譲受者に引き渡し、譲受者は引き渡し代金を決済する承継の最終段階における手続きをいいます。

　なお、医療機関のクロージング手続きは、行政対応に大きな特徴があり、医療法人（開設者が医療法人である診療所）を承継するか個人診療所（開設者が個人である診療所）を承継するかによって手続き内容が異なるため留意が必要です。

（2）医療法人を承継する場合

　医療法人を承継する場合は、医療法人（法人格）を譲受者にそのままの状態で引き継ぐため、個別の名義変更や契約者変更は生じません。そのため、手続き自体は個人診療所の場合と比べてそれほど多くありません。

①出資持分あり・出資持分なし医療法人共通の手続

　医療法人内の社員・理事・監事の構成を譲渡側から譲受側に入れ替える必要があります。

　医療法人をそのまま引き継ぐため、特に許認可関連の時間を要す

る手続きが必要とされません。そのため、最終合意契約の締結とクロージング手続きが同日に行われる場合もあります。

②出資持分あり医療法人の手続

出資持分あり医療法人の場合には、出資持分を譲受者に譲渡する必要があります。しかしながら、出資持分は株券のような実物がありません。そのため、出資持分の譲渡契約の締結と譲渡に伴う代金決済を行い、法人内部に保管されている出資者名簿の書き換え作業をすることで引き渡しが完了します。

（3）個人診療所を承継する場合

個人診療所を承継する場合には、引き続き譲受者が診療所を経営することに変わりありません。

しかし、手続き上は譲渡者が診療所を一旦廃止し、譲受者が新しく診療所を開設する手続きとなるため、通常は最終合意契約日に全ての手続きが終了できません。そのため、クロージングまで一定の期間を設けて譲渡者と譲受者が協力して引継ぎの手続きをします。

引継ぎ手続きに関しては主に以下のようなものが生じます。

①不動産の所有権移転

診療所不動産が自己所有の場合には原則的に所有権移転登記手続きが必要となります。

②開設者の変更と保険医療機関の指定手続

譲渡者による診療所の廃止届と譲受者による診療所の開設届の提出が必要になります。また、保険診療を行うために、譲受者による保険医療機関の指定手続き等が必要になります。

③従業員の再雇用手続き

引き続き勤務する従業員については、譲受者で再雇用の手続きが必要となります。

④賃借物件及びリース物件の契約者変更

診療所不動産を賃借している場合やリース物件がある場合には、譲受者が賃借人となる契約を締結する必要があります。

Q22. クロージング後の対応

承継が終了した後、譲渡者・譲受者双方において対応が必要な事項があれば教えてください。

①医業承継はクロージング時に全てが終了するわけではなく、クロージング後においても譲渡者・譲受者双方に一定の手続き等が生じる。

②譲渡者はクロージング時に承継に係る対価を受領しているため所得税の確定申告手続きが生じる。

③譲受者は承継後に自身の経営ビジョンを浸透させるための診療所風土づくりを行う。

（1）クロージング後に生じる一定の手続き等とは

　事業自体はクロージング手続きをもって譲渡者から譲受者に移ることになりますが、これで全てが終了したわけではありません。

　譲渡者・譲受者それぞれの立場においてクロージング後に手続きが生じることもあります。例えば、契約の切り替え手続き等については相手方の状況によってはクロージング後まで手続きが行われることもあり、譲渡者・譲受者双方が協力して手続きを完了させる必要があります。

（2）譲渡側で留意が必要な事項
①所得税の確定申告

　譲渡者は、クロージング時に承継に伴う対価を受領します。対価の受け取り方は承継方法によって様々（資産の売買代金・出資持分の譲渡代金・出資持分の払戻し代金・退職金等）考えられます。

　いずれの場合においても、個人が何かしらの対価を受け取り利益を得ている場合には、所得税の確定申告が必要となります。

　所得税の確定申告は、承継対価を受け取った翌年の3月15日までに行う必要があります。毎年確定申告を行っていなかった方の場合

には手続きを失念しないように留意が必要です。

②クロージング後も勤務を継続する場合

　譲渡者である院長が承継後も引き続き譲受者の経営体制の下で勤務を継続する場合があります。

　雇用条件等は事前に確定していますが、従業員が新しい診療所の風土に馴染むようにサポートしたり、患者や金融機関等へ真摯な対応を行うなど、承継後の運営がうまく回るように協力体制を継続することが必要です。

（3）譲受側で留意が必要な事項

①承継後の経営プランの作成

　譲受者による新しい経営体制の下で、当初譲受者が想定していた経営を実現するために、承継後の経営プランを作成することが重要です。

　そのうえで、新院長が明確な診療所の運営方針を示して現場に浸透させることで、承継後不安を抱えている従業員を安心させることができます。現場を引っ張っていく新院長がリーダーシップを示すことはとても重要なことであると理解しましょう。

②従業員との関係性構築

　承継後に最も防がなくてはならないのは従業員の離職です。特に、医療業界においては人材の確保が難しいことから、大量離職が発生してしまうと運営自体ができなくなってしまいます。

　何よりも避けたい状況は、従業員が承継に不満を持っているケースです。不満を全て取り除くことは難しいかもしれませんが、個々の従業員ときちんと面談を行った上で、意識や価値観のズレを埋めていくような対処が必要になります。

メモ・覚書

第3章

承継の方法

Q23. 個人診療所における承継方法の概要

個人で診療所を経営しています。このたび、知人の医師に診療所を承継することになりました。承継方法について教えてください。

① 個人診療所の第三者承継は事業譲渡による承継が一般的である。

② 事業譲渡は対象資産・負債の特定、譲渡価格の決定等を経て、最終的に譲渡契約を締結するとともに、行政手続きを完了させることで完結する。

③ 事業譲渡のほかに医療法人化や事業承継税制を活用する方法も考えられる。

（1）事業譲渡の概要

　事業譲渡とは、譲渡側が営んでいた診療所を譲渡契約に基づき、譲受側に受け継がせる行為をいいます。行政手続きとしては、譲渡側が診療所を廃止し、譲受側が新たに診療所を開設するという扱いになります。

【事業譲渡の概要】

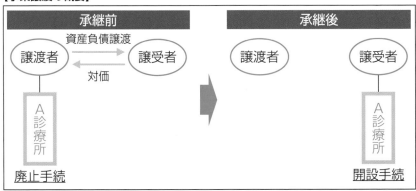

（2）事業譲渡の手順

　個人診療所の事業譲渡は、譲渡対象資産及び負債、譲渡価格等の譲渡に係る諸条件を決定し、最終的には譲渡契約を締結します。

　また、行政手続きとしては、譲渡側が診療所を廃止し、譲受側が新たに診療所を開設するという扱いになります。このように廃止と開設の手続きを経ることから、診療所に関する権利義務は、譲渡側から譲受側に自然と移るわけではありません。

【事業譲渡の手続きフロー】

①資産負債の特定

　個人診療所の承継では、まず承継対象とする資産と負債を決定します。例えば、資産には土地、建物、医療機器、備品、棚卸資産等があります。一方で負債には、銀行からの借入金、業者への未払金等があります。承継対象とする資産及び負債の選択にあたり、特に不動産については賃貸形式にするのか、譲渡形式にするのか、不動産の承継方法も一緒に検討します。

②譲渡価格の決定

　譲渡価格は譲渡対象となる資産から負債を差し引いた金額となりますが、第三者承継の場合、両者が合意した金額が譲渡価格になります。賃貸形式の場合は、加えて承継後の不動産の賃貸料や保証金（権利金）等を決める必要があります。

③収入に対する税額と手取額の試算　（Q26参照）

　譲渡契約を締結する前に、譲渡に対する税金はいくらかかるのか、その結果手取りはどのくらい残るのか、シミュレーションする必要があります。特に譲渡後に借入金が残ってしまう場合、収入全てを借入金の返済原資としないで、納税資金を確保しておくことが必要です。

④譲渡契約の締結

　譲渡対象資産及び負債、譲渡価格等について、両者の合意が得られたら、最終の譲渡契約を締結します。通常、譲渡契約締結時に譲渡代金の決済を行い、譲受者に移転する不動産について登記します。

⑤**行政手続**（Q27参照）

㈠ **保健所**

　譲受側で診療所の開設手続きを保健所に行います。また、譲渡側で廃止手続きを行います。

㈡ **厚生局**

　また、上記㈠の手続完了次第、社会保険診療を実施するために譲受側で厚生局に社会保険指定申請手続きを行います。

⑥**従業員の再雇用手続**（Q50参照）

　譲受側で、従業員と新規に雇用契約を締結します。滞りなく事業を引継ぐために早い段階で、従業員と面接を行い就労に係る意思確認を行う必要があります。

(3) その他の手法の概要

①医療法人化を活用する場合

　有床診療所の場合、事業譲渡による方法では、原則として病床の権利は相手方に引き継がれることはありません。従って、病床を確実に引継ぐ必要があるため医療法人化を選択する場合があります。㈠まず、譲渡者が医療法人を新設して、㈡個人診療所の運営を新設した医療法人に切り替えた上で、㈢当該医療法人の運営を譲受者に承継します。

　このように医療法人化を活用することで、有床診療所であっても病床の権利を相手方に承継することが可能な場合があります。

【医療法人化】

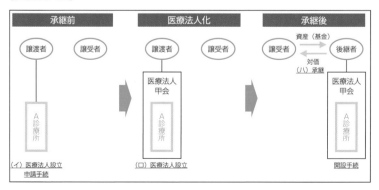

②個人版事業承継税制を活用する場合

　個人診療所を第三者へ承継する場合、事業用資産（不動産、医療機器等）を譲受側に承継することになります。一般的には売買の方法により承継することになりますが、売買は譲受側で買取資金を用意する必要があり、当該買取資金が課題となり、円滑に承継が進まないケースがあります。当該状況を鑑み、無償で承継させるケース（例えば、現院長が後継者である親族外の副院長へ診療所を円滑に承継したいと考えるケースなど）もあります。

　ただし、譲受側の事情を考慮して事業用資産を無償で承継した場合であっても、譲受側には思わぬ課税（贈与税課税）が発生する場合があります。

　このようなケースで、個人版事業承継税制（個人の事業用資産に係る相続税・贈与税の納税猶予制度）を活用することで課税を回避することが可能となります（**Q52参照**）。個人版事業承継税制は、診療所の不動産や医療機器等の事業用資産を個人に無償で承継した場合、通常発生する贈与税が、一定の手続きを行うことで猶予（最終的には免除）される制度になります。

　このように個人版事業承継税制を活用することで、診療所を第三者へ円滑に承継することが可能となる場合があります。ただ、この事業承継税制は事業継続と雇用の維持を税制面から支援することを目的としているため、下図のように、診療所の経営をさらに譲受者の次の後継者に贈与・相続等により連続して承継しなければ納税猶予が打ち切りになってしまうため、慎重な判断が必要となります。

【事業承継税制を活用する場合】

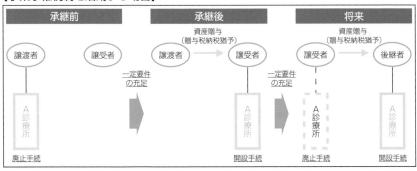

Q24. 承継資産の選択

譲り渡す相手先は決まりましたが、財産を譲るのか（譲渡）、それとも譲らないのか（賃貸）はどのように決めれば良いのでしょうか。ちなみに主な資産は土地・建物・医療機器・備品です。

①不動産を譲るか譲らないかで承継金額が大きく変わる。
②今後の安定収入を希望する場合には、賃貸にするほうが良い。

（1）承継する資産・負債の選択

　承継財産について譲渡か賃貸かを判断するポイントは、譲渡は譲渡時に収入が得られ、賃貸はその後の安定収入が得られるという点があります。また、譲渡の場合は譲受者の資金力も考慮しなければなりません。

（2）診療所の土地建物
①診療所の土地建物をいずれも譲渡する場合

　譲渡側（前院長）では、建物は消費税の課税対象取引となるので、消費税の納付が生じることがありますが、土地の譲渡は非課税になります。一方で譲受側（新院長）では、不動産の所有権移転に伴い不動産取得税・登録免許税が発生します。なお、建物の仕入れは、譲受側で仕入税額控除の対象となるため、予め試算する必要があります。

【診療所の土地建物をいずれも譲渡する場合】

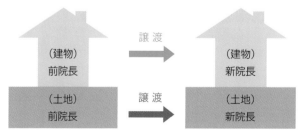

②診療所の建物のみを譲渡する場合（土地を賃貸）

　承継後、土地の賃貸借が生じるため、賃貸借期間、金額等の条件を決めて、不動産賃貸借契約を締結する必要があります。

　その上で、譲渡者（前院長）は承継後、診療所敷地の賃貸収入を得ることになります。なお、土地の貸し付けは消費税法上、非課税取引となります。

【診療所の建物のみを譲渡する場合】

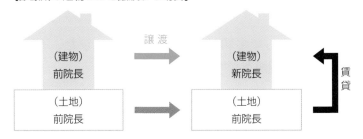

③診療所の土地のみを譲渡するケース（建物を賃貸・土地を賃借）

　診療所建物の賃貸借契約を締結します。その上で譲渡者（前院長）は家賃収入を得ることになります。一方で、土地を賃借することになりますので、地代の支払いが生じることになります。なお、建物の貸し付けは消費税法上、課税取引となるため、消費税の納税義務者に該当する場合も想定されます。

【診療所の土地のみを譲渡する場合】

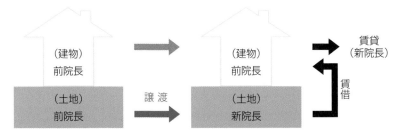

（3）医療機器・備品等

　医療機器・備品等については譲渡と賃貸のケースが考えられますが、譲渡金額が高額でない限り譲渡するケースがほとんどです。

Q25. 承継金額の考え方

診療所を事業譲渡する場合、承継金額はどのように決めれば良いのでしょうか。また、不動産を賃貸する場合の賃料はどのように決めれば良いでしょうか。

①譲渡金額は個々の財産金額の合計である。

②負債も承継する場合には、その負債金額は承継対価に織り込んで考える。

③不動産は時価評価した金額が譲渡金額となる。また、不動産の賃料は近隣相場等を参考に決定する。

（1）譲渡金額の考え方

　個人診療所を第三者へ事業譲渡する際の承継金額は、承継する個々の財産金額の合計になります。例えば、承継する財産が土地と建物だけであれば、土地と建物をそれぞれ評価し、その評価額の合計が承継金額となります。

　なお、財産にはプラスの財産（資産）とマイナスの財産（負債）があります。承継金額を考えるときには承継する資産の評価額の合計から、承継する負債の評価額の合計を控除した金額になります。

【引継ぎ資産負債と譲渡対価】

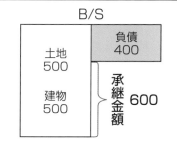

（2）のれん（営業権）の考え方

　資産の中には営業権という、目に見えない資産があります。営業権とは、いわゆるのれんのことであり、その診療所が他の同規模・同診療科目の診療所と比較して高い収益力を有する場合の、将来の超過収益力に対する対価を意味します。営業権の算定方法にはいろいろな考え方がありますが、必ずしも承継金額に含まれるというものでもありません。

（3）賃貸料の考え方

　建物を賃貸した場合の家賃や土地を賃貸した場合の地代は、近隣の賃貸相場を参考にして決定します。建物の家賃については、参考になる物件の用途、構造、建築年数にも着目して決定します。また、賃貸借契約の締結の際に保証金を設定して、一時的な資金を得る方法もあります。

　なお、実際の場面では、資産評価や譲渡価格等の具体的な内容に関して、税理士等の専門家に相談するのが一般的です。

第3章　承継の方法

Q26. 事業譲渡の税務上の取扱い

開業して30年を迎えました。息子は医師ですが当院を引継ぐ意思はありません。そこで知人の医師に1億2千万円（税抜き）で事業譲渡することにしました。税金を支払った後の手取額を教えてください。

①譲渡対象資産を個別に譲渡することになり、譲渡所得税が発生する場合がある。

②不動産の譲渡所得は分離課税が適用される。

③資産の所有期間により課税上の取扱いが異なるため注意が必要。

（1）事業譲渡の税務

　事業譲渡の場合、診療所を運営するために必要な資産等を譲受者に譲渡することで承継します。例えば以下の事例における税務上の取扱いを確認します。

【事例：事業譲渡の税務】

譲渡対象資産	帳簿価額	譲渡価額	備考
診療所建物	2,000万円	2,500万円	所有期間は、5年超であり、長期譲渡に該当
診療所土地	7,000万円	8,500万円	
医療機器	1,000万円	1,000万円	
合計	1億円	1億2,000万円	－

（2）事例の場合の手取額

　上記事例の場合、譲渡者の納税額は400万円（消費税の納税義務がない場合）となり、1億2,000万円の譲渡価額から納税額を差し引いて、手取額は1億1,600万円になります。

　なお、上記の譲渡者に係る課税関係の詳細については、次の表の通りです。

【譲渡者の課税関係】

税目	譲渡者の課税関係	税額
譲渡所得税 (分離課税)	不動産の譲渡益に対して20%(長期の場合)の譲渡所得税が課税される。 【事例の場合】 ・譲渡益：(2,500万円＋8,500万円)－(2,000万円＋7,000万円)＝2,000万円 ・譲渡所得税：2,000万円×20%※(住民税込)＝400万円 ※2037年までの各年分の所得税については、これに加えて所得税額の2.1%が復興増税として課税されます。なお、譲渡した年の1月1日現在の不動産の所有期間が5年以下の場合の税率は39%となります。	400万円
譲渡所得税 (総合課税)	医療機器等の譲渡益に所得税率(超過累進税率)を乗じた譲渡所得税が課税される。 【事例の場合】 譲渡価額と帳簿価額が同額であり課税なし	0円
合計		400万円

(3) 譲渡者の課税関係

①譲渡所得税

㈡不動産（診療所土地・診療所建物）

　その不動産の所有期間に応じて譲渡金額から取得費を差し引いた譲渡益部分に税率を掛け譲渡所得税を計算します（分離課税）。

㈡医療機器

　医療機器等を譲渡する場合には、譲渡益部分が譲渡所得として総合課税の対象となり、他の所得と合算して所得税を計算します。ただ、通常は帳簿価額（取得価額－減価償却費）相当額を譲渡対価として設定するので、譲渡所得は発生しません。

②消費税

　消費税の納税義務がある場合は、土地以外の資産の譲渡は消費税の課税対象となるため譲渡価額の10%を消費税として預かり、自費診療等のその他の取引と合わせて消費税を納付する必要があります。

第3章　承継の方法

89

Q27. 事業譲渡の行政手続
事業譲渡における行政手続き等について教えてください。

①事業譲渡の場合、診療所に係る権利義務は譲受者に引き継がれない。

②譲受者は診療所開設の手続きをしなければならないため、保険診療の空白期間が生じる場合がある。

③承継後の経営への影響が大きいため、保険医療機関指定の遡及申請手続きは慎重に進める必要がある。

（1）事業譲渡における行政手続

　診療所を第三者に事業譲渡で承継する場合、譲渡者に帰属する許認可等の権利義務は、譲受者には引き継がれないため、譲渡者で診療所を廃止し、譲受者で診療所を開設する手続きが必要になります。また、保険医療機関の指定申請に関しても、譲渡者で廃止し、譲受者で指定申請の手続きを行わなければなりません。

　なお、診療所開設届、保険医療機関指定申請の手続きに関して、いずれも、事前に行政に相談することが大切になります。

【事業譲渡における行政手続】

	譲渡者		譲受者	
	内容	所管庁	内容	所管庁
1	―	―	事前相談（必要に応じて）	保健所・地方厚生局の都道府県事務所
2	診療所廃止届	保健所	診療所開設届	保健所
3	保険医療機関廃止届	地方厚生局の都道府県事務所	保険医療機関指定申請書	地方厚生局の都道府県事務所

【譲渡者の手続】

　保健所に診療所廃止届の提出、地方厚生局の都道府県事務所に保険医療機関廃止届を提出します。

【譲受者の手続】

　保健所に診療所開設届の提出、地方厚生局の都道府県事務所に保険医療機関指定申請書を提出します。

（2）保険医療機関の指定手続及び遡及手続

　譲受者が診療所開設届を提出した後、保険診療を行うために保険医療機関指定申請書を提出しますが、その指定がおりるまでに約2週間から1カ月の期間がかかります。

【診療所開設手続の流れ（イメージ）】

　この間、診療所は保険診療ができないことになりますが、保険医療機関指定申請書と同時に「遡及申請」を提出し、遡及が認められれば、その開設日に遡って保険診療報酬の請求ができることになっています。

　なお、厚生局のホームページによれば、保険医療機関等の開設者が変更になった場合で、前の開設者の変更と同時に引き続いて開設され、患者が引き続き診療を受けている場合等には、例外的に遡及が認められます。

　この遡及申請の取扱いは、引継ぎ後の経営に大きな影響を与えるため、事前に所轄の地方厚生局の都道府県事務所に相談するなど慎重に進める必要があります。

Q28. 有床診療所の事業譲渡の留意点

私が個人で運営している有床診療所を、知人の医師に事業譲渡の方法で承継することになりました。病床がある場合の留意点を教えてください。

①無床診療所である場合の手続きに加えて病床の設置許可・使用許可の手続きが必要となる。

②病床が多い地域である等の理由で、承継後の病床使用が認められない場合がある。

③病床使用許可を受けている開設者を変更する場合、地域医療構想調整会議に諮問する必要があり、事業譲渡に関する情報が公開される場合がある。

（1）有床診療所を承継する際のポイント

　有床診療所のように病床がある医療機関において開設者を変更する場合、無床診療所の開設者変更と異なり、病床の設置許可・使用許可の手続きが必要となります。前述の通り承継前後で権利義務は引継がれないため、病床の許可等も同様に原則的には承継できません。ただ、例外的に認められているケースもあるようなので事前に相談する等、慎重に手続きを進めることが重要です。

【有床診療所開設手続の流れ（イメージ）】

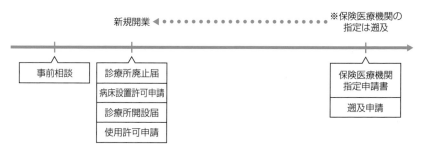

（2）地域医療構想調整会議
①地域医療構想調整会議への説明

　2018年以降、病床使用許可を受けている開設者を変更する場合は、前記（1）の手続きに加えて、原則的に地域医療構想調整会議への説明が必要となりました。

②地域医療構想調整会議を踏まえた事業譲渡スケジュール

　地域医療構想調整会議（以下「調整会議」）は各地域によって開催時期が異なります。そのため、開催時期を確認し調整会議の議題に挙げる手続きを取らなければなりません。

【調整会議への説明が必要な場合の開設手続の流れ（イメージ）】

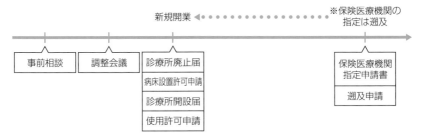

　事業譲渡のスケジュールは、調整会議の開催日程に合わせて考える必要があるため、早い段階で事前相談及びスケジュールの確認等を行政に行う必要があります。

　また、2018年2月に公表された厚生労働省通知の中で、「都道府県は、地域医療構想を進めていくに当たって、地域住民の協力が不可欠であることから、会議資料や議事録については、できる限りホームページ等を通じて速やかに公表すること。」とされているため、情報管理の観点からも、行政と事前相談を行い、情報の取扱いについて確認する必要があります。

　情報が公開されるのであれば、それを前提として早期に従業員へ説明をしなければなりません。院長の説明より前に外部から承継の情報が従業員に伝わってしまうと、従業員に不信感を与えることになり、場合によっては従業員の離職につながりかねないので特に注意が必要です。

Q29. 不動産評価の考え方

知人の医師に診療所を承継するときの不動産はどのように評価すれば良いでしょうか。

①不動産は時価評価する。不動産鑑定による評価も一つの方法である。

②土地評価は、公示価格比準方式が参考になる。

③建物評価は、再建築価額方式が参考になる。

(1) 不動産評価の概要

不動産の承継は、一般の不動産売買と同じです。従って、その承継金額は時価で評価します。時価は第三者間における取引成立価格ですから、理論的に唯一絶対というものはありません。承継金額を決定するときは、近隣の取引事例を参考にしますが、次に掲げる方法も参考になります。

(2) 鑑定評価

不動産鑑定士に依頼して、不動産鑑定評価をしてもらう方法です。費用はかかりますが、様々な面からその不動産の評価を行い、評価額を算出できます。

(3) 公示価格比準方式

土地を評価するときに使う評価方式です。

国土交通省は、全国2万6,000カ所の公示地点を定め、その公示地点の1㎡当たりの公示価格を毎年公表しています。公示価格は土地取引の指標に使われたり、公共事業用地の買収価額の算定基準にされていますので、時価の参考数値といえます。

つまり、公示価格比準方式は公示価格を時価として評価する方法です。ただし、公示価格は2万6,000カ所程度しか公表されていませんので、評価対象地が公示地点と一致しないときは、近隣の公示価

格に比準させなければなりません。比準には路線価を使います。

　なお、地形や道路付けが悪いなどの個別事情は相続税の財産評価基本通達を斟酌します。

【事例：公示価格比準方式】

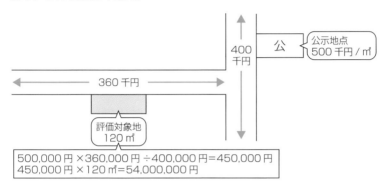

500,000円×360,000円÷400,000円＝450,000円
450,000円×120㎡＝54,000,000円

（4）再建築価額方式

　建物を評価するときに使う評価方式です。

　取得価額に建築費上昇率を乗じて、取得から売却予定までの期間の減価償却費相当額を控除します。評価時点で、同じ建物を建築したらいくらかかるかを建築費上昇率を使って評価し、経過期間の価値の減少を減価償却費として控除して、価額を算出します。

Q30. 関連会社が所有している診療所不動産を承継する場合の考え方

知人の医師に診療所を譲渡することになりましたが、相手は診療所の土地建物を賃貸でなく買い取ることを希望しています。現在、診療所の土地建物は私が経営する関連会社が所有していますが、どのような点に注意すべきでしょうか。

①診療所の土地建物を譲受者が関連会社から取得することは可能である。

②関連会社の株式を譲渡して間接的に当該土地建物を譲受者が支配することも可能である。

③不動産の承継方法の違いによって税金の取扱いが異なるため、注意が必要である。

(1) 不動産の譲渡

譲渡者の関連会社が所有している診療所の土地建物を譲受者が取得する場合、以下の取扱いを確認する必要があります。

【不動産譲渡】

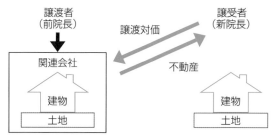

①譲渡者の取扱い

㈠法人税等の取扱い

関連会社では土地建物の譲渡価格と取得価額の差額がプラスの場合は譲渡益として、マイナスの場合は譲渡損として、法人税等の計算上考慮されます。

㈡消費税の取扱い

土地は消費税上、非課税売上となり、建物は課税取引となります。

建物の譲渡価格は消費税の課税対象であり、譲渡する際に金額の内訳を明確にする必要があります。

②譲受者の取扱い

(イ)不動産取得税・登録免許税

診療所の土地建物を取得すると不動産取得税が課税され、不動産の移転登記を行うと登録免許税を納めなければなりません。

(ロ)消費税

消費税の納税義務がある場合は、土地以外の資産の譲受について支払った消費税は仕入税額控除の対象となるため、その他の取引で生じた控除税額と合算して仕入税額控除額を計算します。

(2) 関連会社株式の譲渡

関連会社を譲受者に譲渡して問題ないのであれば、会社ごと売却することも可能です。この場合は、関連会社の株式を譲受者に譲渡することになります。

【関連会社株式の譲渡】

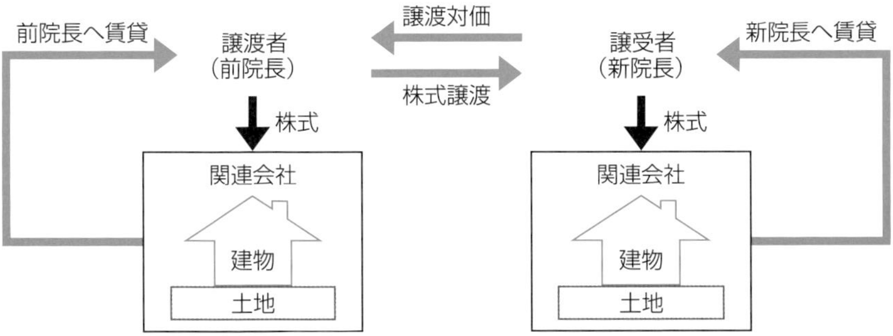

①譲渡者の取扱い

課税関係は株式の譲渡所得となり譲渡益に対して約20％（2037年までの各年分の所得税については、これに加えて所得税額の2.1％が復興増税として課税されます）の譲渡所得税等が課税されます。

②譲受者の取扱い

譲受者は譲渡者から、株式を譲り受け株主となります。この株式の譲渡において、譲受者に課税は生じません。

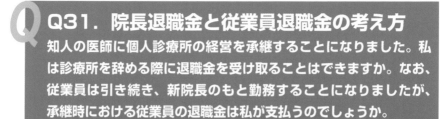

Q31. 院長退職金と従業員退職金の考え方

知人の医師に個人診療所の経営を承継することになりました。私は診療所を辞める際に退職金を受け取ることはできますか。なお、従業員は引き続き、新院長のもと勤務することになりましたが、承継時における従業員の退職金は私が支払うのでしょうか。

①退職金は雇用関係における労働対価の後払いであるため、個人診療所の場合、院長に退職金を支払うことはできない。
②従業員の退職金は原則譲渡者が承継時に退職金規程等に応じて支払うのが一般的である。
③早い段階で従業員退職金額を確認することが重要である。

（1）退職金の意義

　退職金は退職時までに提供した役務、すなわち、労働対価の後払いの性格を持つといわれます。従って、退職という事実が起こり次第、支払わなければならないという意味で潜在的債務といえます。

（2）院長への退職金の支給について

　退職金は労働対価の後払いとしての性格があります。院長は個人事業主であるため、このような性格を有する退職金を支給することはできません。

（3）従業員の退職金の取扱い

　退職金は退職給与支給規程や雇用契約に基づいて算定されるのが一般的です。

　ご質問のように、従業員が引き続き譲受者の診療所で勤務するとしても、承継時に譲渡者が承継時点までの退職金を当該従業員に支給するのが一般的です。

　従って、譲渡側で、現時点における従業員の退職金要支給額を把握しておく必要があります。なお、中小企業退職金共済（中退共）

に加入している場合は、退職給与支給規程等に基づく退職金要支給額から月々の掛金に基づいて中退共から各従業員に支払われる退職金額を差引いた差額が、退職金要支給額となります。

第3章　承継の方法

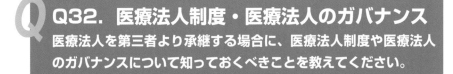

Q32. 医療法人制度・医療法人のガバナンス

医療法人を第三者より承継する場合に、医療法人制度や医療法人のガバナンスについて知っておくべきことを教えてください。

①医療法人とは、都道府県知事の認可により医療法に基づいて設立される特別法人である。

②医療法人社団は、最高意思決定機関として社員総会、業務執行機関として理事会、監査機関として監事を置く必要がある。

(1) 医療法人とは

医療法人とは、病院、医師もしくは歯科医師が常時勤務する診療所または介護老人保健施設、介護医療院を開設する社団または財団をいい、都道府県知事の認可により、医療法に基づいて設立される特別法人です。

(2) 医療法人の分類

医療法人は大きく医療法人社団と医療法人財団に区分されます。

①医療法人社団

金銭やその他資産の出資または拠出により設立された医療法人で、医療法人全体の99.4%（2019年3月現在）が医療法人社団に該当します。

医療法人社団は、出資持分の有無の観点より、「持分あり医療法人」と「持分なし医療法人（拠出型医療法人、基金拠出型医療法人を総称して、以下「持分なし医療法人」という）」に区分されます。出資持分とは、定款の定めるところにより、出資者が出資額に応じて払戻しまたは残余財産の分配を受ける権利をいいます。

(イ) 持分あり医療法人

2007年3月31日以前に設立申請された医療法人社団のうち、持分あり医療法人を「経過措置型医療法人」といい、当分の間、存続す

ることになっています。

㈣ 持分なし医療法人

（a）拠出型医療法人

2007年4月1日以後に設立申請された医療法人社団で、金銭その他の資産を「拠出」により設立された医療法人をいいます。

出資ではなく拠出になりますので、解散時の残余財産は国や地方公共団体に帰属します。

（b）基金拠出型医療法人

拠出型医療法人のうち、基金制度を採用した医療法人を「基金拠出型医療法人」（**Q48参照**）といいます。

②医療法人財団

金銭その他の資産の寄附により設立された医療法人をいいます。

【医療法人の分類】

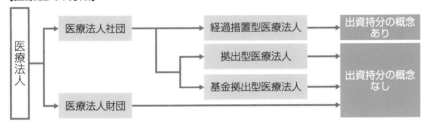

（3）医療法人社団のガバナンス

医療法人社団は最高意思決定機関として社員総会、業務執行機関として理事会、監査機関として監事を置く必要があります。

【医療法人社団のガバナンス】

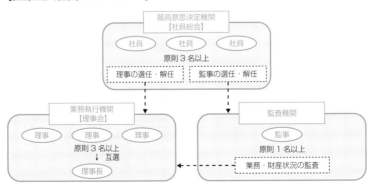

Q33. 持分あり医療法人の承継方法の概要

医療法人を第三者へ承継する場合の承継方法について教えてください。

①持分あり医療法人の承継とは、所有（出資持分）の承継と経営（社員の地位、理事長ポスト）の承継をもって完結する。

②持分あり医療法人の第三者承継の主な方法は出資持分譲渡、出資持分払戻、合併、事業譲渡の4つである。

③持分あり医療法人の第三者承継の方法は、一般的に出資持分の譲渡や出資持分払戻の方法が採用されることが多い。

（1）医療法人の承継とは

　持分あり医療法人は、所有と経営の分離が図られているため、第三者へ承継する場合、所有の承継と経営の承継をいかに円滑に行うかが承継の際の重要なポイントになります。

　所有の承継は、出資持分の移転という形で行うため、何らかの課税関係が生じますので、事前にシミュレーション等をする必要があります。

　また、経営の承継は、意思決定機関である社員及び理事長の交代という形で行いますので、事前に社員や理事長などを誰にするのかを譲受側で検討しておく必要があります。

【医療法人の承継とは】

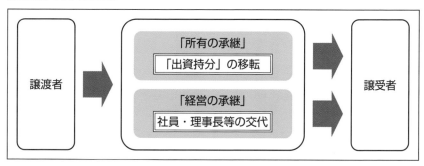

（2）持分あり医療法人の承継方法

　持分あり医療法人の第三者承継の主な方法には、出資持分譲渡、出資持分払戻、合併、事業譲渡の4つの承継方法がありますが、一般的に出資持分譲渡や出資持分払戻の方法が採用されます。

①出資持分譲渡

　出資持分譲渡は、譲受側が予め社員として入社し、譲渡側の社員が医療法人の出資持分を譲受側に譲渡することにより承継を完結します。

　出資持分の譲渡という形で所有の承継を行い、出資持分の譲渡価格が第三者承継の譲渡対価になります。

【出資持分譲渡】

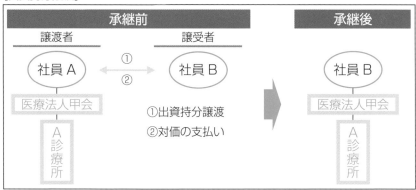

②出資持分払戻

　出資持分払戻は、譲渡側の社員が医療法人を退社し、出資持分に応じた払戻しを受け、譲受側が医療法人に社員として入社し、出資者となることにより承継を完結します。

【出資持分払戻】

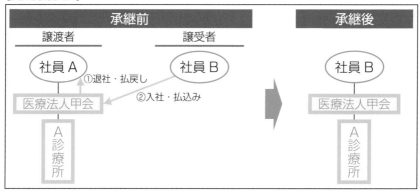

③合併

　合併とは、2つ以上の法人が結合して、1つの法人になることをいい、医療法人の合併手続きは、都道府県知事の認可が必要になります。

　合併後存続する医療法人または合併によって設立した医療法人は、合併によって消滅した医療法人の権利義務を包括的に承継することを意味しますので、消滅法人は資産・負債の清算を行う必要がありません。

【合併】

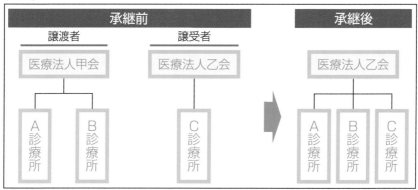

④事業譲渡

　事業譲渡は、譲渡者が運営する診療所を譲受者が譲り受けることにより行われ、譲渡対象となる資産（のれんを含む）から負債を引いた金額が譲渡対価になります。

　事業譲渡により、第三者承継が行われた場合、譲渡対象となった診療所の開設主体が変わりますので、譲受者は、新たな診療所の開設者となり、都道府県や保健所、厚生局に新規開設の手続きが必要になります。

【事業譲渡】

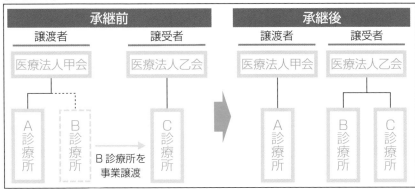

Q34. 出資持分譲渡①〜概要・課税関係〜

私は医療法人を経営しており、出資持分譲渡による第三者承継を考えています。出資持分譲渡の概要、課税関係について教えてください。

①出資持分譲渡は、持分あり医療法人の第三者承継において、最も活用されている方法である。

②医療法人の社員間の出資持分の譲渡は認められている。

③個人の出資者が出資持分を譲渡した場合、株式等に係る譲渡所得として、譲渡所得税が課される。

④譲受者は出資持分譲受のための資金を個人で調達する必要がある。

（1）出資持分譲渡とは

出資持分譲渡は、譲受側が予め社員として入社し、譲渡側の社員が医療法人の出資持分を譲受側に譲渡する方法であり、出資持分の譲渡価額が第三者承継の譲渡対価になります。

出資持分譲渡は、持分あり医療法人の第三者承継において、最も活用されている方法になります。

また、医療法人格ごと譲渡者から譲受者に移転するため、個人診療所の承継のように診療所の廃止・開設等の煩雑な手続きは必要ありません。

【出資持分譲渡】

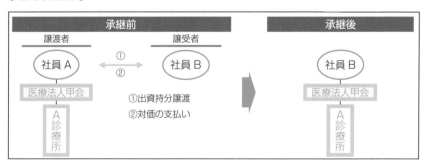

（2）出資持分譲渡の可否

　そもそも医療法人の出資持分の譲渡の可否については、医療法上明文規定がありませんが、出資持分譲渡に関する地裁の判決（昭和57年6月28日）では、医療法人の社員間の出資持分の譲渡は、定款に反しない限り許される、とされています。

　当該判決通りに社員の変更等を行う場合には、譲受者が予め社員として入社しその後、出資持分の譲渡を行うことになります。

（3）出資持分譲渡の課税関係

①概要

　個人の出資者が出資持分を譲渡した場合、株式等に係る譲渡所得として、所得税等（税率計20.315％〈所得税・復興特別所得税15.315％、住民税5％〉）が課税されます。

　株式等に係る譲渡所得は、給与所得や不動産所得等他の所得とは区分して課税されます。

②計算方法

　出資の譲渡に係る税金は、下記の算式で計算します。

（イ）譲渡所得＝譲渡価額
　　　　　　－（取得費＋譲渡費用＋委託手数料等）
（ロ）税額＝譲渡所得×20.315％（所得税等）

（4）留意点

　出資持分譲渡の場合、通常、譲受者は個人で出資持分を譲り受けるため、譲り受けのための資金を個人で調達する必要があります。そのため、譲受者は事前に資金繰りについて、検討しておくことが大切になります。

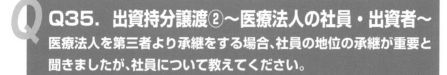

①社員は、医療法人の最高意思決定機関である社員総会のメンバーであり、第三者承継の際、社員の選定が重要となる。

②医療法人の社員の定数は、原則3名以上である。

③社員に就任するためには、社員総会の承認が必要である。

④出資と社員の地位が結びついている必要がないため、出資をしていなくても社員に就任することができる。

⑤医療法人の社員と理事は、一般的に兼務している場合が多い。

（1）社員とは

医療法人の最高意思決定機関である社員総会（**Q32参照**）のメンバーであり、医療法人の運営上重要な事項についての議決権を有します。ここでいう社員は、従業員のことではありません。

株式の保有割合に応じて議決権が与えられる株式会社の株主と異なり、医療法人の社員は1人1個の議決権が与えられます。

（2）社員の定数

医療法人の社員は、原則3名以上必要です。

（3）社員の資格

未成年については、自分の意思で議決権を行使できる程度の弁別能力を有していれば（義務教育修了程度）、社員になれるとされていますが、都道府県によっては、未成年や学生が社員になることは好ましくないと指導されますので、注意が必要です。

また、社員は、自然人だけではなく、非営利法人もなることができますが、株式会社等の営利法人は社員になることはできません。

（4）社員の資格取得・喪失

①資格取得

　社員になるためには、社員総会の承認を受ける必要があります。

②資格喪失

　社員は、除名・死亡・退社により資格を失いますが、第三者承継の場合には、通常、譲渡側の社員は退社により社員を退きます。

　社員の退社は、理事長に届け出て、その同意を得て行うことができますが、第三者承継の場合には、手続きの安定性の観点から、社員の退社を社員総会の決議事項として承認を行う方が良いと考えます。

（5）社員と出資者

　医療法人の場合、出資と社員の地位が結びついている必要がないため、社員＝出資者の関係にはならず、出資をしていなくても社員に就任することができます。

（6）社員と理事

　社員と理事の構成員は一般的には同じ場合が多いですが、両者は役割が異なっています。社員は医療法人の最高意思決定機関である社員総会の構成員であり、一方、理事は社員総会により選任され、理事会の構成員として業務を執行する役割（**Q36参照**）を担っています。

　医療法人において支配権を獲得するには、最高意思決定機関である社員総会のメンバーである社員の構成をおさえる必要があり、第三者承継の経営権の承継において、社員の選定が最も重要なポイントになります。

Q36. 出資持分譲渡③〜医療法人の役員〜

第三者より医療法人の承継を考えており、今後役員を決める必要がありますが、医療法人の役員の定数や資格について教えてください。

①医療法人の役員は原則として、理事3名以上、監事1名以上置く必要がある。

②医療法人の開設する診療所の管理者は、原則として理事に就任しなければならない。

③医療法人の役員がMS法人等の役員を兼務することは、原則として認められていない。

（1）役員の定数

医療法人の役員は原則として、理事3名以上、監事1名以上を置かなければなりません。

ただし、医師または歯科医師が常時1人または2人勤務する診療所を１カ所のみ開設する医療法人が都道府県知事の認可を受けた場合には、理事は1人または2人でもよいとされています。

役員の定数は定款で定められているため、譲受者が役員構成を検討する際には、事前に定款を確認する必要があります。

（2）管理者の理事就任

医療法人の開設する診療所の管理者は、原則として理事に就任しなければなりません。これは、診療所において医療業務に関する実質的な責任を有している管理者の意向を医療法人の運営に正しく反映させることを目的としています。

（3）理事・監事の職務等

理事・監事の職務、選任方法、資格等は次ページの表の通りです。

【役員の職務等】

項目	理事	監事
定数	原則3名以上	原則1名以上
職務	理事会の構成員として、医療法人の業務執行の意思決定への参画を行う	医療法人の業務や財産状況の監査を行い、監査報告書を作成する
選任方法	社員総会で選任	
任期	2年以内	
議決権	1人1個	―
資格	下記の者は、理事・監事となることはできない ・法人 ・成年被後見人又は被保佐人 ・医師法、歯科医師法その他医事に関する法律で政令で定めるものの規定により罰金以上の刑に処せられ、その執行を終わり、又は執行を受けることがなくなった日から起算して2年を経過しない者 ・上記に該当する者を除くほか、禁錮以上の刑に処せられ、その執行を終わり、又は執行を受けることがなくなるまでの者	
	―	当該医療法人の理事又は職員

第3章 承継の方法

（4）MS法人等と医療法人の役員兼務

　非営利性の観点から、原則として、医療法人の役員が特定の営利法人（MS法人等）の役職員を兼務することは、一定の例外を除いて認められていません。

　従って、第三者承継の際に診療所の不動産をMS法人が譲り受け、医療法人に賃貸する場合等、医療法人とMS法人との取引が発生する場合には、医療法人とMS法人の役員構成について注意する必要があります。

Q37. 出資持分譲渡④〜医療法人の理事長〜

第三者より医療法人の承継を考えており、理事長に就任したいと考えています。医療法人の理事長の資格や他法人との理事長の兼務ができるかについて教えてください。

①理事長は、医療法人を代表し、医療法人の業務に関する一切の行為をする権限を有している。

②理事長は、原則として医師または歯科医師である理事から選出する。

③理事長の選任手続は、理事の互選によって行う。

④理事長の兼務の禁止について明文規定はないが、都道府県によっては解消するよう指導される場合がある。

(1) 理事長の職務

理事長は、医療法人を代表し、医療法人の業務に関する一切の行為をする権限を有しています。

(2) 理事長の資格

①医師・歯科医師である理事長（原則）

医療法人の理事長は、原則として、医師または歯科医師である理事から選出します。これは、医学的知識がない者が、医療法人を実質的に経営することにより問題等が生じることがないようにするため、とされています。

②医師・歯科医師でない理事長（例外）

ただし、例外として、理事長が死亡した場合や医療法人が公的な運営をしている場合等で都道府県知事の認可を受けた場合には、理事長を医師または歯科医師でない理事から選出することができます。

（3）理事長の選任手続

理事長は理事の互選により選任します。

（4）医療法人の理事長の兼務

医療法人の理事長が他の医療法人の理事長に就任することについて禁止した明文規定はありません。しかし、都道府県によっては、特別の理由や必然性がなければ認められないとの指導を受ける場合がありありあります。

厚生労働省の特定医療法人FAQで、理事長の兼務について、下記の記載がなされています。

【厚生労働省：特定医療法人FAQ　医療法人の理事長の兼務】

Q.

医療法上は、「理事長は医療法人を代表し、その業務を総理する」となっていますが、理事長の兼務について明確な規定が見当たりませんので、その取扱いについて教えてください。

A.

医療法人は、複数の医療機関の開設が可能であるのに、理事長が更に他の医療法人の理事長として医業を行わなければならない必要は通常ないものと考えられます。

そのため、特別の理由・必然性がなければ、医療法人の代表者である理事長が、他の医療法人の理事長を兼ねることは認められないと考えます。

Q38.　出資持分譲渡⑤〜社員変更・役員変更手続〜

出資持分譲渡による第三者への承継を考えておりますが、社員変更・役員変更手続について教えてください。

①法人内で必要な手続きは、社員の退社・入社、役員の退任・就任、理事長の選任である。

②出資持分を譲渡する場合、譲受側が予め社員として入社し、譲渡側の社員が医療法人の出資持分を譲受側に譲渡する必要がある。

（1）社員変更・役員変更手続

　出資持分譲渡に伴う社員変更・役員変更手続の一般的な流れは、下記になります。

【社員変更・役員変更の手順】

議決事項	譲渡側	譲受側
①社員総会	役員退任※	役員就任
②理事会	—	理事長就任
③社員総会	—	社員入社
④出資持分譲渡	出資の譲渡	出資の譲受
⑤社員総会	社員退社※	—

※医療法上、役員の退任及び社員の退社についての手続き方法は定められておりませんが、将来のトラブルを避けるために社員総会で承認を行う方が良いと考えます。

（2）法人内部手続
①社員総会（譲渡側役員退任・譲受側役員就任）

　社員総会において、譲渡側の役員が退任し、譲受側の役員が就任します。また、役員変更を行った場合には、都道府県へ役員変更の届出を行います（**Q39参照**）。

②理事会（譲受側理事長就任）

　理事会において、新理事長を理事の互選により選任します。

　前記①の社員総会において、前理事長は退任しているため、社員総会と理事会での理事長の選任手続に時間差（理事長の地位の空白期間）が生じますが、医療法上退任した理事長は、新たな理事長が選任されるまでの間、従前と同様に理事長として権利義務を有することになりますので、空白期間は生じないことになります。

③社員総会（譲受側社員の入社）

　出資持分の譲渡を行う場合、譲受側の出資譲受者である社員が予め入社する必要があります。また、医療法人の社員に入社するためには、社員総会の承認を得なければなりません。

④出資持分の譲渡（譲渡側から譲受側への出資持分の譲渡）

　上記③で出資持分の譲受者を予め社員に入社させた後、譲渡側から、譲受側に出資持分の譲渡を実行します。

⑤社員総会（譲渡側社員の退社）

　譲渡側の社員の退社手続きを行います。

譲渡者　譲受者

Q39. 出資持分譲渡⑥〜行政手続〜

出資持分譲渡による第三者への承継を考えていますが、承継する場合の行政手続きについて教えてください。

①出資持分の譲渡についての行政手続は必要ないが、役員の変更や管理者の変更等に伴う変更の届出等の行政手続きが必要である。

②医療法人の代表である理事長の変更に伴う税務届出が必要である。

（1）行政手続

　出資持分の譲渡の場合、医療法人格ごと譲受者に移転するため、個人診療所の事業譲渡のように診療所の廃止・開設等の煩雑な手続きは必要ありません。

　ただし、役員の変更や管理者の変更等に伴い、下記の行政手続きが必要になります。

【主な行政手続】

	項目	内容	提出先	期限
1	役員変更届	役員を変更した場合、届けを行う	都道府県	役員変更後遅滞なく
2	理事長変更登記申請	理事長を変更した場合、登記の変更申請を行う	法務局	理事長変更後2週間以内
3	診療所開設許可事項一部変更届	管理者を変更した場合、届けを行う	保健所	管理者変更後10日以内
4	保険医療機関届出事項変更届	理事長・管理者を変更した場合、届けを行う	厚生局	理事長・管理者変更後遅滞なく
5	登記完了届	上記2の登記完了後、届けを行う	都道府県	登記完了後遅滞なく

116

（2）税務手続

　医療法人の代表である理事長を変更した場合、税務署等へ下記変更の届出が必要になります。

【主な税務手続】

	項目	内容	提出先	期限
1	異動届出書	理事長を変更した場合、届けを行う	税務署	異動後速やかに
2	異動届出書	理事長を変更した場合、届けを行う	都道府県税事務所・市町村税務課等	異動後速やかに

Q40. 出資持分譲渡⑦〜承継対象財産〜

医療法人を第三者へ承継する際、承継対象となる財産の選択は可能でしょうか。また、医療法人へ賃借している私個人の所有不動産（土地及び建物）を譲渡することは可能でしょうか。

①医療法人所有の資産負債は出資持分を通して、包括的に承継されるため、原則承継対象財産を個別に選択することはできない。ただし、医療法人所有の資産で譲り渡したくないものがある場合には、事前に買い取り等で対応することが可能である。

②理事長所有の不動産（土地及び建物）を譲渡することは可能である。その際の相手先は「医療法人で買う」か「新理事長が買う」か「MS法人が買う」か、になる。

（1）医療法人が所有する資産と負債の承継

　医療法人を第三者へ承継する場合、個人診療所の承継のように個々の資産負債を選択して承継するのではなく、出資持分を通して、医療法人が所有している資産負債を包括的に承継することになります。つまり、医療法人所有の財産を個別に譲渡するかしないかを選択することができないということになります。

　しかし、医療法人所有の資産で譲り渡したくないものが現実に出てくると思われます。そのようなときは、事前に現理事長個人が買い取るようにします。必要なもの・不要なものという観点で、医療法人所有財産を整理しておく必要があります。

（2）医療法人が賃借している不動産（土地及び建物）の承継方法

　医療法人が賃借している理事長所有の不動産（土地及び建物）を譲渡する場合、相手方は3通りが考えられます。一般的に不動産譲渡は譲受側に多大な資金が必要となるため、譲受側で誰が取得するのが良いかを判断することになります。

　なお、譲渡側の理事長は譲受側が誰であるかにかかわらず、不動産譲渡により一時的な収入を得ることができます（相手先による有利不利はありません）。

【不動産譲渡の相手方】

①理事長が「医療法人」に不動産（土地及び建物）を譲渡する場合

②理事長が「新理事長」に不動産（土地及び建物）を譲渡する場合

③理事長が「MS（メディカルサービス法人）」に不動産（土地及び建物）を譲渡する場合

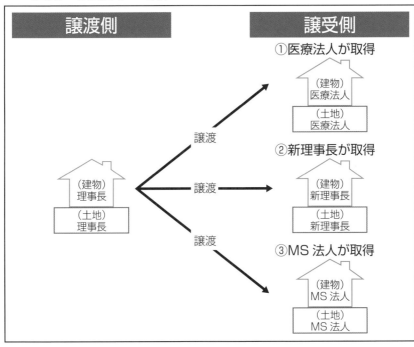

第3章　承継の方法

119

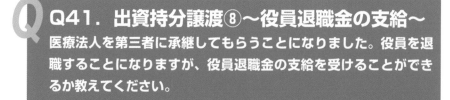

Q41. 出資持分譲渡⑧～役員退職金の支給～

医療法人を第三者に承継してもらうことになりました。役員を退職することになりますが、役員退職金の支給を受けることができるか教えてください。

①役員退職金を受け取ることができる。この場合、役員退職金の支給後の出資持分の価値が第三者承継における譲渡対価となる。

②役員退職金は税制上優遇されている。

③譲受者は出資持分を買い取る資金を個人で準備する必要があるが、役員退職金支給により、出資持分価値が下がるため、資金を準備する負担が減るメリットがある。

（1）役員退職金の支給

　第三者承継の場合、通常譲渡者である理事長は医療法人を退職することから、医療法人から役員退職金を受け取ることができます。

　この場合、理事長は退職に伴う役員退職金の支給を受け、役員退職金支給後の医療法人の出資持分の価値が、第三者承継における譲渡対価になります。

【役員退職金支給と出資持分譲渡】

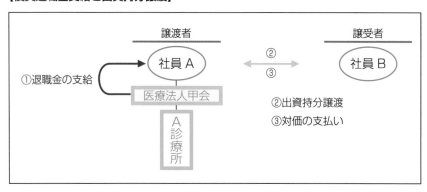

（2）役員退職金の概要

①役員退職金の算定

役員退職金の、一般的な計算方法は、次の算式とされています。

【役員退職金の計算方法】

> 役員退職金＝最終月額報酬 × 役員在籍年数 × 功績倍率 ※

※理事長の場合、2〜3倍を採用している医療法人が多い。

②退職金の課税関係

(イ) 個人の課税関係

退職金は、給与所得等他の所得とは分離して計算します。また、退職所得は、勤続年数に応じ退職所得控除額を控除することができ、控除後の金額の2分の1が課税の対象になります。

ただし、医療法人の役員としての勤続年数が5年以下の役員には2分の1課税の適用はされませんので、注意が必要です。

【退職所得の計算方法】

> 退職所得＝（退職金 − 退職所得控除額）× 1/2 ※

※勤続年数5年以下の役員等については、1/2課税の適用対象外

【退職所得控除の計算方法】

勤続年数	退職所得控除額
20年以下	40万円 × 勤続年数（最低80万円）
20年超	800万円 + 70万円 ×（勤続年数 − 20年）

(ロ) 医療法人の課税関係

役員退職金として相当と認められる金額は、法人税の計算上損金に算入できます。ただし、その役員が形式上辞任しただけで実際に経営を引き続き行っているケースでは、その役員退職金は医療法人の法人税の計算上損金に算入できません。また、不相当に高額な部分も損金として認められませんので留意が必要です。

第3章　承継の方法

121

③医療法人の手続

(イ) 源泉徴収義務

退職金を支払った場合、医療法人は源泉徴収義務が生じるため、源泉所得税等を原則として翌月10日までに税務署に納付する必要があります。ただし、源泉所得税等の納期の特例を受けている場合には、7月と1月の期限に納付をします。

(ロ) 支払調書の提出

退職金を支払った場合、退職者に「退職所得の源泉徴収票・特別徴収票」を退職後1カ月以内に交付をします。

また、役員に退職金を支払った場合には、市区町村へ源泉徴収票を退職後1カ月以内に提出します。

さらに、税務署へ源泉徴収票に加えて「給与所得の源泉徴収票等の法定調書合計表」を翌年1月31日までに提出する必要があります。

(3) 役員退職金と出資持分譲渡

①譲渡者

出資持分譲渡の税率は20.315％であるのに対し、役員退職金は、支給金額により税率が約7.5～27.9％（税率〈15.105～55.945％〉×1/2）になります。

従って、譲渡者である理事長は、役員退職金と出資持分譲渡対価の手取総額のシミュレーションが必要となります。

なお、理事長が退職金と出資持分の対価を受取る場合のパターン別の手取り金額は下記になります。

【事例：勤続年数20年の理事長（出資者）が第三者承継する場合】

　出資持分　当初出資 1,000万円

　■パターン1　退職金 7,000万円、出資持分対価 3,000万円

　■パターン2　退職金 5,000万円、出資持分対価 5,000万円

　■パターン3　退職金 3,000万円、出資持分対価 7,000万円

【パターン別手取金額】

	■パターン1 ・退職金 　7,000万円 ・出資持分対価 　3,000万円	■パターン2 ・退職金 　5,000万円 ・出資持分対価 　5,000万円	■パターン3 ・退職金 　3,000万円 ・出資持分対価 　7,000万円
退職金	5,709万円	4,218万円	2,676万円
出資持分譲渡	2,594万円	4,187万円	5,781万円
手取金額計	8,303万円	8,405万円	8,457万円

②譲受者

　譲受者は出資持分を買い取る資金を準備する必要がありますが、医療法人から役員退職金が支給された場合、出資持分の価値は下落します。その結果、出資持分の買取価格も下がりますので、譲受者は買取資金を準備する負担が減るというメリットを享受することになります。

Q42. 出資持分払戻①〜概要・課税関係〜

私は医療法人を経営しており、出資持分払戻による第三者承継を考えていますが、出資持分払戻の概要、課税関係について教えてください。

①譲渡者である出資社員は退社に伴い、医療法人に対して払戻請求を行うことができる。

②払戻しは剰余金の分配となるため、税務上は配当所得となる。

（1）出資持分払戻とは

　出資持分払戻は、譲渡側の出資社員（社員A）が退社に伴い出資持分の払戻しを受け、その後、譲受者が改めて出資し、社員（社員B）となることで出資持分の移転を完結する方法です。

【出資持分払戻】

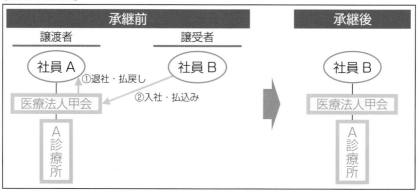

（2）課税関係

①個人の課税関係

㈠ 出資持分に応じた払戻し

　譲渡側である出資社員（社員A）は、社員の地位を退社する際、出資持分に応じた払戻しを受けることができますが、払戻しの金額と当初の出資額の差額については、配当所得として課税されます。

　この場合、配当所得は他の給与等の所得と合算されますので、最

高55.945％（所得税・住民税等）の超過累進税率が適用されます。

【配当所得の金額】

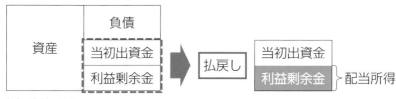

㋺ **確定申告**

　医療法人の出資者が出資持分の払戻しを受けた場合には、翌年の3月15日までに、個人で確定申告が必要になります。

②**医療法人の手続**

㋑ **源泉徴収義務**

　出資持分の払戻しを行った医療法人は源泉徴収義務が生じるため、払戻し額の20.42％を源泉徴収し、原則として翌月10日までに税務署へ納付する必要があります。

㋺ **支払調書提出義務**

　出資持分の払戻しを行った医療法人は、払戻しを受けた者に対して「配当等とみなす金額に関する支払調書（支払通知書）」を支払の確定した日から1カ月以内に交付をします。また支払調書に加えて、「配当等とみなす金額に関する支払調書合計表」を支払の確定した日から1カ月以内に税務署へ提出する必要があります。

（3）**出資持分譲渡との比較**

　出資持分譲渡と出資持分払戻は、譲渡者の譲渡価格（払戻し金額）に対する税金が異なります。

　一般的には、出資持分払戻しによる課税後の手取額に比べ、出資持分譲渡による課税後の手取額の方が多い場合があります。

　従って、どちらの方法を採用するか事前のシミュレーションが大切になります。

Q43. 出資持分払戻②〜社員変更・役員変更手続〜

出資持分払戻による第三者への承継を考えておりますが、社員変更・役員変更手続きについて教えてください。

法人内で必要な手続きは、社員の退社・入社、役員の退任・就任、理事長の就任である。

(1) 社員変更・役員変更手続

　出資持分払戻の場合、出資持分譲渡のように譲受側が予め社員として入社する必要はありません。出資持分の払戻しを行う場合の、社員変更・役員変更手続きの一般的な流れは、下記になります。

【社員変更・役員変更の手順】

議決事項	譲渡側	譲受側
①社員総会	役員退任※	役員就任
②理事会	―	理事長就任
③社員総会	社員退社※	社員入社

※医療法上、役員の退任及び社員の退社についての手続き方法は定められておりませんが、将来のトラブルを避けるために社員総会で承認を行う方が良いと考えます。

(2) 法人内部手続

①社員総会（譲渡側役員退任・譲受側役員就任）

　社員総会において、譲渡側の役員が退任し、譲受側の役員が就任します。役員変更を行った場合には、都道府県へ役員変更の届出を行います（**Q44参照**）。

②理事会（譲受側理事長就任）

　理事会において、新理事長を理事の互選により選任します。
上記①の社員総会において、理事長は退任しているため、社員総会と理事会での理事長の選任手続に時間差（理事長の地位の空白期間）

が生じますが、医療法上退任した理事長は、新たな理事長が選任されるまでの間、従前と同様に理事長として権利義務を有することになりますので、空白期間は生じないことになります。

③社員総会（譲渡側社員退社・譲受側社員入社）

　譲渡側の社員の退社手続と譲受側の社員の入社手続を行います。

　また、退社する譲渡側の社員は、出資持分の払戻しを受けます。

Q44. 出資持分払戻③〜行政手続〜

出資持分払戻による第三者への承継を考えていますが、承継する場合の行政手続きについて教えてください。

①出資持分払戻についての行政手続は必要ないが、役員の変更や管理者の変更等に伴う変更の届出等が必要である。
②医療法人の代表である理事長の変更に伴う届出が必要である。
③出資持分払戻についての支払調書等の税務署への届出が必要になる。

（1）行政手続

　出資持分の払戻しの場合、医療法人格ごと譲受者に移転するため、個人診療所の事業譲渡のように診療所の廃止・開設等の煩雑な手続きは必要ありません。

　ただし、役員の変更や管理者の変更等に伴い、下記の行政手続きが必要になります。

【主な行政手続】

	項目	内容	提出先	期限
1	役員変更届	役員を変更した場合、届けを行う	都道府県	役員変更後遅滞なく
2	理事長変更登記申請	理事長を変更した場合、登記の変更申請を行う	法務局	理事長変更後2週間以内
3	診療所開設許可事項一部変更届	管理者を変更した場合、届けを行う	保健所	管理者変更後10日以内
4	保険医療機関届出事項変更届	理事長・管理者を変更した場合、届けを行う	厚生局	理事長・管理者変更後遅滞なく
5	登記完了届	上記2の登記完了後、届けを行う	都道府県	登記完了後遅滞なく

（2）税務手続

　出資持分の払戻しを行った場合や、医療法人の代表である理事長を変更した場合には、税務署等へ下記変更の届出が必要になります。

【主な税務手続（届出関係）】

	項目	内容	提出先	期限
1	配当等とみなす金額に関する支払調書（同合計表）	出資の払戻しを行った場合	税務署	支払確定日から1カ月以内
2	異動届出書	理事長を変更、資本金等を異動した場合、届けを行う	税務署	異動後速やかに
3	異動届出書	理事長を変更、資本金等を異動した場合、届けを行う	都道府県税事務所・市町村税務課等	異動後速やかに

Q45. 持分なし医療法人の承継方法の概要

持分なし医療法人を第三者に承継することは可能でしょうか。
また、可能な場合、その承継の方法について教えてください。

①持分なし医療法人も第三者に承継することは可能である。
②持分なし医療法人の承継方法には、退社入社方式・事業譲渡・
　合併・分割等がある。
③一般的に退社入社方式が採用されることが多い。

(1) 持分なし医療法人の承継方法

　持分なし医療法人(拠出型医療法人・基金拠出型医療法人を総称
して、以下「持分なし医療法人」という)も、持分あり医療法人と
同様に第三者への承継が可能です。ただし、出資持分がないという
特性上、承継対価の支払い方法に工夫が必要となります。(**出資持
分の概念については、Q32参照**)

　下記(2)の②事業譲渡、③合併、④分割は、いずれも医療法人
の資産や法人格の移転を伴うのに対し、①退社入社方式は物の移転
がありません。退社入社方式は経営陣(社員・理事・監事の地位)
の入れ替えという必要最低限の手続きで承継が完了するため、一般
的にはこの方法が採用されます。

(2) 持分なし医療法人の第三者承継方法
①退社入社方式

　譲渡法人をそのまま存続させ、社員・理事・監事等を譲受側の人
員に入れ替える方法です。一般的に、退社する譲渡者個人に対して
支払う役員退職金等が実質的な承継対価となります。

　社員・理事・監事の考え方は持分あり医療法人と同様です。詳細
はQ35、Q36、Q37をご参照ください。

【退社入社方式】

②事業譲渡

　譲渡者の事業用資産や負債を個々に売却する方法です。契約や許認可が引き継がれないため、譲受側で契約や許認可手続きのやり直しが必要となります。

【事業譲渡】

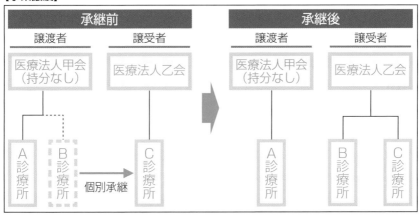

③合併

　譲渡法人と譲受法人を一つの法人に統合する方法です。合併は医療法上の組織再編行為であり、都道府県知事の認可が必要です。

【合併】

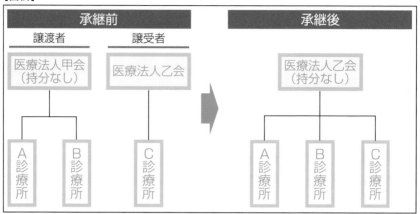

④分割

　譲渡法人の一部の事業の権利義務を譲受法人に承継する方法です。分割は医療法上の組織再編行為であり、都道府県知事の認可が必要です。分割は持分なし医療法人にのみ認められた方法です。

【分割】

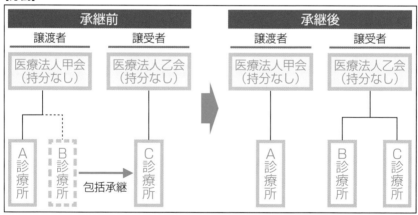

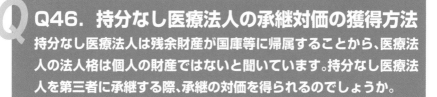

Q46. 持分なし医療法人の承継対価の獲得方法

持分なし医療法人は残余財産が国庫等に帰属することから、医療法人の法人格は個人の財産ではないと聞いています。持分なし医療法人を第三者に承継する際、承継の対価を得られるのでしょうか。

①出資持分がないため、譲渡者は、出資持分譲渡のように譲渡対価を直接受け取ることができない。

②実質的な承継対価の受け取り方法は、「役員退職金」「個人所有不動産の売却」「MS法人株式の売却」「基金返還」などが考えられる。

（1）持分なし医療法人の特徴

　持分あり医療法人は、出資者個人が出資持分を通じて医療法人の法人格を所有しています。従って、個人財産である出資持分を譲渡することで、譲渡者は直接対価を受け取ることができます。

　これに対して持分なし医療法人は、出資持分の概念がないため、医療法人の法人格は個人の財産ではありません。つまり、個人財産を「譲渡する」ということができないため、対価を直接個人で受け取ることができません。

　持分なし医療法人にはこのような特徴があるため、承継する際には、何らかの方法で実質的な承継対価を受け取る工夫が必要になります。

【持分なし医療法人の特徴（出資持分譲渡と比較）】

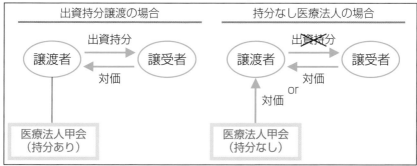

（2）一般的な方法（役員退職金）

　実質的な承継対価の受け取り方として最も一般的な方法は、役員退職金の支給です。一般的に譲渡者個人は譲渡法人の役員に就任しています。その譲渡者個人が承継の際に役員を退職し、その際に支払われる役員退職金をもって承継の対価と考える方法です。

　しかし、役員退職金は承継の有無にかかわらず退職時に支給されるものであるため、役員退職金のほかに次に掲げる方法を組み合わせて承継対価とすることも考えられます。

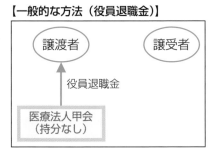

【一般的な方法（役員退職金）】

（3）その他の方法
①個人所有不動産の売却・賃貸

　診療所等の建物や敷地を譲渡者個人が所有している場合には、その不動産を医療法人等に売却することで実質的な承継対価を得る方法が考えられます。

　その他には、承継後も譲渡者個人が不動産を医療法人に貸し続け、その賃貸料を継続して受け取ることで実質的な承継対価を得る方法が考えられます。

　ただし、この場合は譲渡者と譲受者の関係が承継後も浅く継続することになります。このような関係で建物の賃貸をする場合、例えば建物内の附属設備等の修繕が必要となった際に、その修繕費用の負担を建物所有者（譲渡者）、建物使用者（医療法人等）のどちらが負うべきかトラブルになる可能性があります。このようなトラブルを防ぐには、契約書等で修繕負担の範囲を明確にする必要があります。

【個人所有不動産の売却・賃貸】

譲渡者　　　　　　　　譲受者

対価　　不動産　　※譲受者等が買い取ることもあります。
　　　　　　　　　（譲渡の相手方の選択肢については、
医療法人甲会　　　　　Q40を参照）
（持分なし）

②MS法人株式の売却

　MS法人がある場合には、医療法人の承継に合わせてMS法人株式を譲受者に売却することで実質的な承継対価を得る方法が考えられます。

　しかし、非営利性の観点等から医療法人がMS法人株式を買い取ることはできないため、譲受者が買い取ることになるでしょう。

　そもそも譲受者にとってMS法人が必要なのか、MS法人の役員には誰を就任させるのかなどの検討事項が多岐にわたるため、譲受者としては慎重な判断が必要になります。

【MS法人株式の売却】

③基金の返還・譲渡

　医療法人設立時等に、譲渡者個人が基金（≒貸付金）を医療法人に拠出している場合には、承継の際にその基金を譲渡者個人に返還することで実質的な承継対価を得る方法が考えられます。

　ただし、基金の返還には一定の制約があり、承継のタイミングで返還ができないことがあります。そのような場合には、基金を譲渡する方法も考えられます。詳細は**Q48**をご参照ください。

【基金の返還・譲渡】

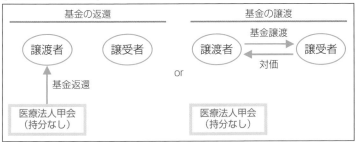

Q47. 持分なし医療法人の承継手続

医療法人を第三者に承継するにあたって、社員の地位を退社し、譲受者が新たに入社する方式（退社入社方式）を採用することになりました。具体的な行政手続き等について教えてください。

①法人内で必要な手続きは、社員の退社・入社、役員の退任・就任、理事長の選任である。

②行政等に対して必要な手続きには、役員・理事長の変更等がある。

（1）手続順序

【持分なし医療法人の承継手続順序】

議決事項	譲渡側	譲受側
①社員総会	役員退任※	役員就任
②理事会	―	理事長就任
③社員総会	社員退社※	社員入社
④行政・税務手続	―	理事長・役員変更届等

※医療法上、役員の退任及び社員の退社についての手続き方法は定められておりませんが、将来のトラブルを避けるために社員総会で承認を行う方が良いと考えます。

（2）法人内部手続

　トラブル防止の観点から、一般的に第三者承継の譲渡者は役員を退任し役員退職金の支払いを受けてから、社員を退社します。従って、内部手続きの順序は、①社員総会（役員変更）、②理事会（新理事長選任）、③社員総会（社員変更）となります。

①社員総会（役員の変更）

　譲渡側の理事・監事の退任決議（※）及び、譲受側の理事・監事の就任決議を行います。

②理事会（新理事長を選任）

　理事会において、新理事長を選任します。理事長の選任は、理事会で決議する必要があります。

③社員総会（社員の変更）

　譲渡側の社員の退社決議（※）及び譲受側の社員の入社決議を行います。

（3）行政手続等

　退社入社方式の場合は、経営陣が入れ替わるだけであるため、診療所の廃止・開設等の煩雑な手続きは必要ありません。必要な手続きは、役員の変更や管理者の変更等に伴う届出となります。労務関係の手続きについては、**Q51**をご参照ください。

【主な行政手続】

	項目	内容	提出先	期限
1	役員変更届	役員を変更した場合、届けを行う	都道府県	役員変更後遅滞なく
2	理事長変更登記申請	理事長を変更した場合、登記の変更申請を行う	法務局	理事長変更後2週間以内
3	開設許可事項一部変更届	管理者を変更した場合、届けを行う	保健所	管理者変更後10日以内
4	保険医療機関届出事項変更届	理事長・管理者を変更した場合、届けを行う	厚生局	理事長・管理者変更後遅滞なく
5	登記完了届	上記2の登記完了後、届けを行う	都道府県	登記完了後遅滞なく

【主な税務手続】

	項目	内容	届出先	期限
1	異動届出書	理事長を変更した場合、届けを行う	税務署	異動後速やかに
2	異動届出書	理事長を変更した場合、届けを行う	都道府県税事務所市町村税務課等	異動後速やかに

第3章　承継の方法

137

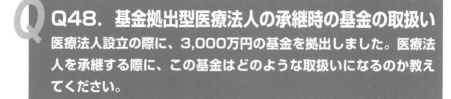

Q48. 基金拠出型医療法人の承継時の基金の取扱い

医療法人設立の際に、3,000万円の基金を拠出しました。医療法人を承継する際に、この基金はどのような取扱いになるのか教えてください。

①通常は、基金を返還することになる。

②医療法人に十分な資金がないと基金の返還ができない。

③基金はいつでも返還できるわけではない。

④基金の返還ができない場合は、基金を譲受者に売却することも考えられる。

(1) 基金とは

　基金とは、医療法人に拠出された財産のことをいい、医療法人が基金拠出者に対してその返還義務を負います。言い換えると、基金は医療法人に対する「貸付金」ということになります。また、基金には利息を付すことができないため、返還できる金額は拠出された額面金額が上限になります。

　拠出した金額をそのまま返還するだけであるため、医療法人及び基金拠出者のいずれにも返還による課税は生じません。

(2) 基金返還の制約

①時期の制約

　基金返還の意思決定は、定時社員総会にのみ認められています。この定時社員総会を開催する時期と承継対価を支払いたい時期とが必ずしも一致するとは限りません。3月決算法人が、5月の定時社員総会で基金返還の意思決定をした場合の流れは以下の通りです。

【基金返還の時期の制約】

②金額の制約

　返還することができる基金の金額にも制約があります。貸借対照表上の純資産額が基金の総額等を超えていないと基金の返還をすることができません。

　また、返還できる金額も、その基金総額等を超える部分のみに限られています。例えば医療法人設立時に基金を3,000万円拠出していたとしても、純資産額が2,000万円であれば基金の返還をすることができません。また、同じケースで純資産額が5,000万円であったとしても、差額の2,000万円しか返還することができません。

　つまり、少なくとも基金総額等の倍以上の純資産が蓄積されていないと、基金全額の返還を受けることができないということになります。

【基金返還の制約】

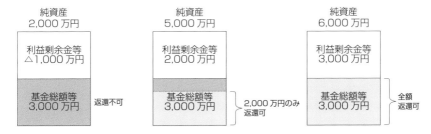

（3）対処法

　時期及び金額の制約の対処法として基金の売却が考えられます。基金を医療法人から譲渡者個人に返還するのではなく、譲渡者個人が持つ基金を直接譲受者に買い取ってもらうことで任意の時期かつ額面金額を回収することができます。

Q49. 持分なし医療法人の譲受のメリット

診療所開業を検討する勤務医です。このたび、持分なし医療法人の診療所の承継の提示を受けました。譲渡者である理事長に対して役員退職金1億円の支払いが決定しているのですが、役員退職金を支払うと赤字になってしまうそうです。このような医療法人を承継して開業するメリットについて教えてください。

①役員退職金のうち、一定の金額が法人の経費として認められる。

②赤字は翌期以後10年の黒字と相殺できる。

③役員退職金の全額が税務上の経費になるとは限らないので留意が必要である。

（1）承継のメリット

①役員退職金の経費性

持分あり医療法人の一般的な承継方法である「出資持分譲渡」は、譲受者個人が資金を調達し出資持分を買い取ることになります。この場合、譲受者個人が資産を購入するだけであるため、その支出に経費性はありません。

一方で、役員退職金は医療法人が支出するため、法人の経費になる可能性があります。法人税率が30%とすると、経費となる金額の30%相当の法人税等が減ることになります。つまり、役員退職金の全額が経費として認められる場合には、役員退職金の実質負担額は支払額の70%で済むということになります。

なお、役員退職金の原資を銀行借入によって調達した場合には、銀行に支払う利息も法人の経費となります。

②赤字の繰越し

役員退職金を支払うことで赤字となった場合は、通常はその赤字を翌期以降10年間繰り越すことができます。その10年の間に黒字が出た場合には、その黒字と繰り越された赤字を相殺することができ

ます。

　従って、赤字が発生した場合は、翌期以降の法人税等を減らす効果があります。

【繰越赤字による黒字の相殺】

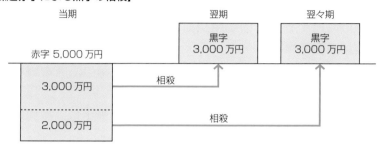

（2）役員退職金の注意点

①支給手続

　役員退職金の支給は法人にとっての重要事項であるため、通常は社員総会によって支給の決議を行います。また、独自に定款や規程等に役員退職金に関する定めをしている場合には、そのルールに従う必要があります。

　ルールに従わず役員退職金の支給をした場合には、その支給自体が無効とされることや、税務上経費として認められないことがあるので注意が必要です。

②高額な役員退職金

　不相当に高額な役員退職金は、税務上経費として認められないことがあります。不相当に高額かどうかの判断は、役員在職年数、退職の事情、他の同規模法人等の役員退職金の水準等を総合的に勘案して行われます。

　一般的には功績倍率法（**Q41参照**）によって計算が行われますが、退職金を支給する場合は、金額の合理性について、論理的に説明できる準備が必要となります。

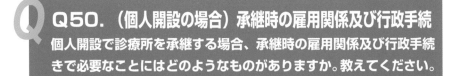

Q50.（個人開設の場合）承継時の雇用関係及び行政手続

個人開設で診療所を承継する場合、承継時の雇用関係及び行政手続きで必要なことにはどのようなものがありますか。教えてください。

①承継時にそれまでの雇用契約は終了し、新規雇用契約の締結が必要になる。

②雇用契約終了に伴い、給与、退職金支給等の清算を終わらせる必要がある。

③労災・雇用保険、社会保険は、事業所を廃止し、新規設置することになる。

【個人開設の場合の承継時の雇用関係及び行政手続き】

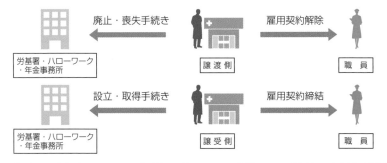

（1）承継時には雇用契約は終了し、新規雇用契約の締結が必要

　個人開設者の承継は、承継の契約時に「職員の雇用はできるだけ引き継ぐ」等の約束をしていたとしても、雇用契約においては、承継時に雇用関係が一旦解除され、退職として譲渡側での清算処理、譲受側での新たな雇用関係締結を行うことになります。

　譲受側は新たな事業主として、承継後の新しい雇用条件（給与・勤務条件）を踏まえて雇用契約を締結することになります。ここで条件が合わなければ、雇用契約を締結しないということにそれぞれが判断することもあります。

（2）雇用契約終了に伴い、最終給与、退職金の支給で清算

　譲渡側は雇用契約が終了するため、承継日前日までの勤務に対す

る「給与、退職金の支給」による清算、及び社会保険料・所得税・住民税などの納税関係について、処理を終わらせる必要があります。

　譲渡側の事業主は、最終給与・退職金の支払い時に、「退職合意書」を締結し、「他に債権・債務がないことの確認」をしておき、譲渡後に未払賃金などの労働紛争を予防しておくことも重要になります。

（3）労災・雇用保険、社会保険は、事業所を廃止し、新規設置

　雇用に関係する行政手続きとしては、労働保険（労基署）、雇用保険（ハローワーク）、社会保険（年金事務所）での手続きとなります。

　譲渡側は、事業所廃止と職員の資格喪失の手続きを行い、譲受側は、事業所設置と職員の資格取得の手続きを行います。

【手続き内容】

提出先	譲渡側（廃止・喪失手続）	譲受側（設置・取得手続）
労基署	労働保険確定保険料申告書 労働保険料還付請求書	労働保険関係成立届 労働保険概算保険料申告書
ハローワーク	雇用保険被保険者資格喪失届 （職員分） 雇用保険被保険者離職証明書 （職員分） 雇用保険適用事業所廃止届	雇用保険適用事業所設置届 雇用保険被保険者資格取得届 （職員分）
年金事務所	被保険者資格喪失届（職員分） 適用事業所全喪届	新規適用届 被保険者資格取得届（職員分）

（4）留意点

　社会保険対象の職員が5名未満の個人開設診療所の場合は、社会保険の強制適用事業所ではないので、『任意適用』の手続きが必要になります。年金事務所が手続きを承認した日から社会保険が適用されるため、承継する職員が「無保険状態」になるリスクがあります。

　事前に専門家や年金事務所に相談し、必要な提出書類を譲渡側・譲受側で確認・作成し、「事業主変更手続き」として処理する（喪失手続きを行わない）ことで、保険証の切り替えをスムーズに行って、「無保険状態」を回避することも留意すべきポイントになります。

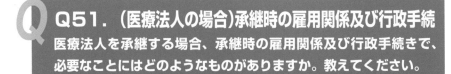

Q51. （医療法人の場合）承継時の雇用関係及び行政手続

医療法人を承継する場合、承継時の雇用関係及び行政手続きで、必要なことにはどのようなものがありますか。教えてください。

①医療法人の承継時には、雇用契約は原則引き継がれる。
②承継後の勤務体制により労働条件を取り決め、雇用契約書を取り交わす。
③労災・雇用保険、社会保険は、事業主（理事長）変更の手続きを行う。

【医療法人の場合の承継時の雇用関係及び行政手続】

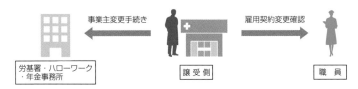

　医療法人の雇用関係の承継は、個人の承継とは手続きが異なり、雇用契約は原則引き継ぎ、行政機関への届出も法人格として継続します。

（1）医療法人の承継時には、雇用契約は原則引き継がれる

　法人と職員の雇用契約については、承継時には原則、「引き継がれる」ことになります。そのため、法人の承継については、過去からの雇用契約、内規等および個別に職員の約束している事項について、詳細を確認する必要が出てきます。内規や個別の約束という内容によっては、承継時に清算を行い、承継後に引き継がないようにする対応も検討していきます。

　承継時に退職する職員については、退職日までの給与・退職金を精算し、「退職合意書」を締結しておくと良いでしょう（Q50（2）参照）。

（2）承継前後の勤務体制により、労働条件の取り決めを行う

　上記の通り、雇用契約は原則引き継がれるが、承継時には新事業主名で「雇用契約書」を取り交わします。新しい雇用契約は、承継後の診療体制（診療時間・休日休暇等）及び経営状況により、承継前の雇用条件の内容を変更する必要が出る場合があります。特に給与・手当を変更する場合は、職員の退職リスクが高まることから、譲渡側の職員承継に対する考えや、現職員の今後の勤務に対する考え方なども含めての調整や、人材確保の難易度も踏まえ条件を検討し、承継後の労働条件を踏まえた、雇用契約の締結により、今後の勤務条件についての確認を進めていく形となります。（**Q66（2）**参照）

（3）労災・雇用保険、社会保険は、事業主（理事長）変更手続きを行う

　雇用に関係する行政手続きとしては、労災保険（労基署）、雇用保険（ハローワーク）、社会保険（年金事務所）での「事業主（理事長）変更」手続きとなります。

　譲渡側は行政機関へ直接行う手続きはなく、各行政機関へ行っていた下記事業所情報を、譲受側に適切に引き継ぐことになります。

　　・労働保険成立届控え、労働保険概算・確定申告書
　　・雇用保険適用事業所台帳、職員の雇用保険被保険者手続き控え
　　・社会保険適用通知書、職員の資格取得手続き控え

　譲受側は、引き継いだ事業所情報を基に、各行政機関に対して、事業所関係変更について、以下の手続き書類を提出します。

　　・労基署　　　　：『労働保険名称、所在地等変更届』
　　・ハローワーク：『雇用保険事業主事業所各種変更届』
　　・年金事務所　　：『事業所関係変更届』

　なお、承継時に職員の入退職が発生する場合において、該当する職員の入退職手続きをどちらで行うかについては、譲渡日までの入退職者は譲渡側で、譲渡日以降の入退職者は譲受側で行うなど、基準日を設けておくと手続きが円滑に進みます。

メモ・覚書

第4章

承継の税制

Q 52. 個人診療所の承継税制（個人版事業承継税制）

診療所を知人の医師に承継することになりました。承継をする際、優遇税制（個人版の事業承継税制）があると聞きましたが、税制の内容について教えてください。

A
①事業用資産を個人へ贈与等した場合、通常贈与税等が課されるが、一定の要件を充足すると贈与税等が猶予される（個人版事業承継税制）。

②診療所を第三者へ承継する場合、譲受者の資金負担が理由で承継が困難な場合があるが、個人版事業承継税制を活用することで、解決できることがある。

（1）個人の事業承継税制

①概要

　個人事業者の円滑な世代交代を通じ、事業の持続的な発展の確保や地域経済の活力維持を図る観点から、個人事業者の事業承継を促進するため、2019年度税制改正において個人の事業用資産に係る相続・贈与税の納税猶予制度（以下「個人版事業承継税制」という）が創設されました。

　個人版事業承継税制は、後継者である相続人または受贈者等が、2019年1月1日～2028年12月31日までの間に事業用資産を相続または贈与等により取得し、中小企業における経営の承継の円滑化に関する法律の認定を受けた場合には、その事業用資産に係る相続税・贈与税について、一定の要件のもと納税を猶予し、後継者の死亡等により猶予されている相続税・贈与税の納付が免除される制度になります。

　なお、納税猶予適用後は、原則として都道府県への報告（年次報告）は必要ありませんが、税務署へ3年に一度報告（継続届出）する必要があります。

②贈与税の納税猶予の内容

　贈与税の納税猶予制度の主な要件は、次表の通りです

【贈与税の納税猶予制度の主な要件】

項目	要件
贈与者	・青色申告書を提出していたこと ・事業を廃止した旨の届出を提出していること ・すでに本税制の適用を受ける贈与をした者でないこと ・事業の総収入金額がゼロを超えること ・事業が資産保有型事業、資産運用型事業、性風俗関連特殊営業に該当しないこと
受贈者	・円滑化法の認定を受けた承継者であること ・18歳以上であること（2022年3月31日までは20歳以上） ・贈与の日まで引き続き3年以上事業用資産に係る事業等に従事していたこと ・贈与税の申告期限までに開業届を提出し、青色申告の承認を受けていること
特定事業用資産	贈与者の事業の用に供されている資産で青色申告書の貸借対照表に計上されているもの ・土地等（面積400㎡が上限） ・建物　（床面積800㎡が上限） ・建物以外の減価償却資産（機械装置、工具器具備品等）
担保提供	納税が猶予される贈与税額及び利子税の額に見合う担保を税務署に提供すること
適用前の届出・手続	2019年4月1日から2024年3月31日までの間に承継計画を都道府県知事に提出すること
適用時期	2019年1月1日から2028年12月31日までに贈与等による取得

③贈与税の納税猶予の免除事由・取消事由

(イ) 免除事由

　本税制の適用を受けた後、後継者からさらに次の後継者に本税制に係る贈与（免除対象贈与）をした等、次表の免除事由に該当した場合、猶予された贈与税が免除されます。

【猶予されていた贈与税が免除される主な事由】

免除事由	免除
・贈与者が死亡した場合※	全額免除
・贈与者死亡の時以前に受贈者が死亡した場合	
・贈与税の申告期限から5年経過後に次の後継者に免除対象贈与した場合	
・受贈者が重度の障害疾病等により事業継続が困難となった場合	
・受贈者について破産手続開始の決定があった場合	
・経営環境の悪化等、事業の継続が困難な事由が生じた場合において、第三者に特例受贈事業用資産の全てを譲渡等した場合又は事業の廃止をした場合等	一部免除
・受贈者が、第三者に特例受贈事業用資産の全てを譲渡等した場合又は再生計画の認可の決定に基づき再生計画を遂行するために譲渡等をした場合	一部免除

※猶予された贈与税は免除されますが、相続税は課税対象となります。ただし、一定の要件を充足する場合には、相続税の納税猶予制度の適用を受けることができます。

㋺ 取消事由

　本税制の適用を受けた後、事業を廃止した等、次表の取消事由に該当した場合、猶予された贈与税を納税する必要があります。

【猶予されていた贈与税が納税となる主な取消事由】

取消事由	納付
・事業を廃止した場合	全額納付
・資産保有型事業又は資産運用型事業に該当した場合	
・性風俗関連特殊営業をした場合	
・総収入金額がゼロになった場合	
・対象資産の全てが青色申告書の貸借対照表に計上されなくなった場合	
・適用を受けることをやめる届出をした場合	
・特例事業用資産が事業の用に供されなくなった場合	一部納付

（2）第三者承継での活用事例

　個人の診療所を第三者へ承継する場合、診療所の不動産や医療機械等の事業用資産は譲渡等により移転することになりますが、事業用資産に価値がある場合には移転時になんらかの課税が発生するため、円滑な承継が困難になることがあります。

　このような場合に、個人版事業承継税制を活用して、第三者承継を行うことが考えられます。

　例えば、院長（譲渡者）が診療所を無償（事業用資産を贈与）で知人の医師（譲受者）へ承継することを考えている場合、①まず、譲受者は、承継計画を都道府県へ提出等をし、②次に、事業用資産を譲渡者から譲受者へ贈与をし、要件を充足した上で贈与税の猶予を受けます。

　このように、事業承継税制を活用することで、譲受者が負担なく診療所を承継することが可能になります。

【第三者承継の活用事例】

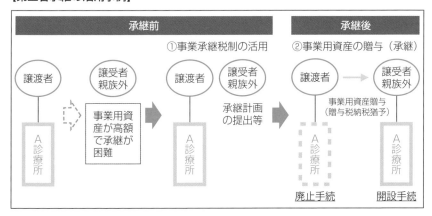

Q53. 医療法人の承継税制（認定医療法人制度）

持分あり医療法人を経営しておりますが、同法人に勤務している医師へ医療法人を承継することになりました。承継をする際、認定医療法人制度を活用できると聞きましたが、制度の内容について教えてください。

①持分あり医療法人から持分なし医療法人への移行の際、原則として医療法人を個人とみなして贈与税が課される。

②一定の要件を充足した認定医療法人が持分なし医療法人へ移行した場合には、当該贈与税が課されない。ただし、認定が取り消された場合には、医療法人に対して贈与税が課される。

③第三者承継において、出資持分承継は課題になることが多いが、認定医療法人制度を活用することで解決できることがある。

（1）認定医療法人制度

①概要

　持分あり医療法人の出資者は医療法人に対して出資持分を有していますが、医療法人は配当ができないため、内部留保等が大きく積み上がっている場合、出資持分の評価が高額になり承継が困難になるという課題があります。

　当該課題への対応として、厚生労働省は持分なし医療法人への移行を進めており、2014年度税制改正において認定医療法人制度・納税猶予制度等が創設されました。しかし、持分あり医療法人から持分なし医療法人へ移行する場合、原則として医療法人に贈与税が課されるため、移行が進んでいませんでした。

　そこで、円滑な移行を促進するために、一定の要件を充足した持分あり医療法人（認定医療法人）の出資者が出資持分を放棄し、持分なし医療法人へ移行した場合には、贈与税を課さないとする税制

が2017年度税制改正により創設されました。

【医療法人の課税関係】

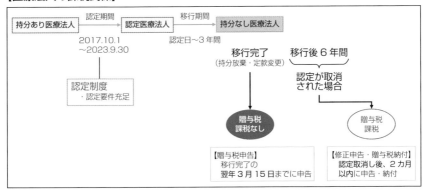

②認定医療法人の要件

　認定医療法人とは、持分あり医療法人が持分なし医療法人への移行を決定し、移行計画について厚生労働大臣の認定を受けた法人をいいます。なお、移行計画の認定期間は、2017年10月1日から2020年9月30日の3年間に限定されていましたが、2020年度税制改正において、2023年9月まで3年間延長されました。

　なお、認定を受けるための要件は下記の通りとなります。

【認定医療法人の主な要件】

	内容
1	移行計画を社員総会で議決
2	移行計画が有効かつ適切なものであること
3	移行期限が認定日から起算して3年を超えないこと
4	医療法人関係者に対する特別の利益供与の禁止
5	営利事業を営む者等に対する特別の利益供与の禁止
6	理事、監事に対する報酬等の支給基準
7	遊休財産の保有制限
8	法令違反がないこと
9	社会保険診療等の割合基準（80%超基準）
10	自費患者に対する請求方法の規制
11	医業利益の制限（事業収益≦事業費用×1.5）

③医療法人の課税関係

認定医療法人の出資者が出資持分を放棄し、移行計画に記載された移行期限（認定日から3年以内）までに持分なし医療法人へ移行した場合には、医療法人が放棄により受けた経済的利益について贈与税は課されません。

ただし、認定医療法人が持分なし医療法人へ移行した日以後、6年を経過する日までの間に認定が取り消された場合には、医療法人を個人とみなし贈与税が課されますので、注意が必要です。

(2) 第三者承継での活用事例
①持分あり医療法人承継の課題

持分あり医療法人を第三者へ承継する場合、「所有（出資持分）の承継」と「経営（理事長ポスト）の承継」をいかに円滑に行うかが重要になります。理事長ポストは譲渡者と譲受者で互いにコミュニケーションを図ることで円滑に進めることは可能になります。

一方、譲渡者から譲受者へ出資持分を承継する際、出資持分価値が高額な場合には、何らかの課税が発生するため円滑な承継が困難になります。

このような場合に、認定医療法人制度を活用して、第三者承継を行うことが考えられます。

②認定医療法人制度の活用

例えば、持分あり医療法人の理事長（譲渡者）が、出資持分を無償で勤務している親族外の医師（譲受者）へ承継することを考えている場合、(イ)まず、譲渡者の理事長が理事長ポストを譲受者である医師に承継し、(ロ)譲受者が認定医療法人の認定を受け、その後譲渡者が出資持分を放棄し、持分なし医療法人へ移行します。この際、認定医療法人の認定を受けているため、医療法人に対して贈与税は課税されません。

このように、認定医療法人制度を活用し、出資者が出資持分を放棄し、持分あり医療法人から持分なし医療法人へ移行した場合、出

資持分は消滅するため、承継対象は「経営（理事長ポスト）」のみになり、円滑な承継が可能になります。

【第三者承継の活用事例】

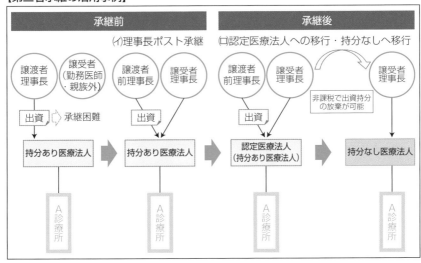

155

メモ・覚書

第5章

診療所の
事業価値評価

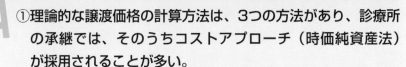

Q54. 譲渡価格の計算方法

一般的な譲渡価格の計算方法を教えてください。また、譲渡価格は実際にどのように決まるのでしょうか。

①理論的な譲渡価格の計算方法は、3つの方法があり、診療所の承継では、そのうちコストアプローチ（時価純資産法）が採用されることが多い。

②時価純資産法は貸借対照表の「純資産」の金額に着目する手法である。

③譲渡側・譲受側双方でそれぞれ理論上計算される個人診療所の「事業価値」、医療法人の「出資持分価値」を参考に、交渉により実際の譲渡価格が決定される。

（1）3つの承継金額の計算方法

①一般的な譲渡価格の計算方法（評価方法）

　一般的な譲渡価格の計算方法は大きく3通りの考え方があります。

　1つ目の**インカムアプローチ**は、将来その評価対象事業体から獲得が期待される収益やキャッシュフローに着目して価値を評価する方法です。将来の収益等を予想して価値に反映するため、事業体固有の価値を反映できますが、一方で将来数値の予想に恣意性が入り込みやすいといわれています。

　2つ目の**マーケットアプローチ**は、上場している同業他社の株価や同様の取引事例の価格に着目して価値を評価する手法です。客観性に優れていますが、上場している同種の事業体が存在しないと価値を計算できないという欠点があります。

　最後の**コストアプローチ**は、その事業体の財政状態を示す貸借対照表の純資産に着目して価値を評価する手法です。この方法はインカムアプローチ同様、客観性に優れていますが、貸借対照表の純資産は過去の利益の蓄積を示しているにすぎず、その事業体の将来価値が必ずしも十分反映されていないといわれています。

②個人診療所や医療法人の評価方法

この3通りの計算方法のうち、医療機関の価値を評価する際は、コストアプローチを利用することが多いです。

インカムアプローチやマーケットアプローチが採用されない理由を理解するには、インカムアプローチやマーケットアプローチの計算構造を少し理解する必要があります。

インカムアプローチの代表的な手法であるDCF法は将来のキャッシュフローを加重平均資本コストという割引率で除すという計算構造です。一方、マーケットアプローチの代表的な手法である類似会社比較法は評価対象事業（法人）の営業利益等の財務指標に一定の倍率を乗じる計算構造です。両手法ともその計算構造において、割引率や倍率に関して上場会社で公表されている決算情報等から数値を算出する必要があります。

このように2つの方法は計算要素に類似の上場会社の財務指標が必要となりますが、医療機関は上場することができないため標本会社が存在せず、結果、それぞれのアプローチにより価値が計算できないというのが大きな理由です。

コストアプローチは客観性にも優れ、「のれん」（**Q55参照**）を適正に評価し加味できれば、一定の将来の価値も価格に織り込むことができるため、医療法人や個人診療所の価値の計算方法に適していると考えられます。

【3つの評価方法】

(2) 時価純資産法（コストアプローチの計算方法）

　一般的によく利用されるコストアプローチの具体的な計算方法は、時価純資産法と呼ばれる手法です。時価純資産法とは貸借対照表のそのままの数値である帳簿価額のうち一定の資産・負債項目を時価に置き換えて計算します（一定の項目を時価に置き換えるので修正簿価純資産法とも呼ばれます）。

　具体例としては、土地の帳簿価額を不動産鑑定評価の金額に置き換えると考えていただければわかりやすいかもしれません。また、その法人にいわゆる簿外債務がある場合や、負債に計上漏れがある場合には、正しい金額に修正して純資産が計算されます。

(3)「理論上の事業価値及び出資持分価値」と「実際の譲渡価格」との関係

①時価純資産だけでは評価が不十分

　純資産の数値の意味合いは、当初の出資額に、過去からの利益の蓄積を加算したものです。「過去からの」という意味は、現在を視点にした場合、開業時から毎年（毎期）の利益について税金を払った後の利益の積み重ねということです。仮に純資産が譲渡価格だとすると、譲渡側からすれば、譲受側から過去の利益しか考慮してもらえなかったということになります。

　そこで、案件ごとの状況にもよりますが、将来の稼ぐ力ともいわれる「のれん」を考慮して、純資産という過去の利益の蓄積のみならず、将来の価値も加算することで、理論上の事業価値や出資持分価値を計算することが可能となります。

②価値と価格の違い

　「時価純資産＋のれん」で理論的に計算された事業価値や出資持分価値は、実際の譲渡価格とどのように結びつくのでしょうか。

　事業価値や出資持分価値は譲渡側・譲受側双方で計算されますが、両者の持っている情報・計算要素の違いから、互いの数値が一致することは通常ありません。すなわち、双方において別々の数値が算

出されます。一方、譲渡価格は譲渡側と譲受側の交渉の結果、合意された価格であり、同一の数値となります。

　このように、事業価値もしくは出資持分価値と合意された譲渡価格はイコールではないということに留意する必要があります。実際の譲渡価格はコストアプローチを前提とするならば、時価純資産にのれんが計上された金額となる可能性もありますし、時価純資産よりディスカウントされた価格になる可能性もあります。

【価値と価格の関係：開設者が個人の場合】

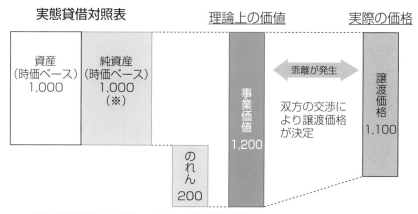

（※）開設者が個人の場合、一般的に負債は引き継がれない。

【価値と価格の関係：開設者が医療法人の場合】

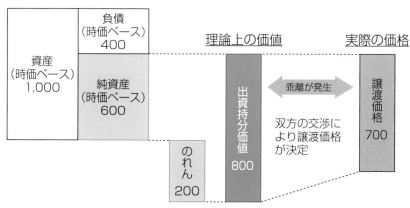

第5章　診療所の事業価値評価

Q55. のれん（営業権）の考え方

時価純資産に「のれん」を加味して、譲渡価格が決定されると聞いたのですが、一般的な「のれん」の計算方法について教えてください。

A
①一般的には営業利益の3年から5年分の金額が「のれん」として計算されていることが多い。
②「のれん」の算定基礎となる営業利益の数値は「正常的な収益力」で計算される。

（1）のれんの計算方法

「のれん（営業権）」とは、目に見えない資産であり、その医療機関が他の同規模・同診療科目の医療機関と比べて高い収益力を有する場合の将来の超過収益力に対する対価を意味します。

この超過収益力である「のれん」の金額は、画一的な計算方法が決まっているわけではありませんが、営業利益の3年から5年分の金額で計算される事例が多く見受けられます。

例えば、下記の貸借対照表と損益計算書の数値例で、「のれん」を営業利益の5年分だと仮定した場合の金額は500と計算されます。

なお、「のれん」は営業利益を基に計算されますが、過去の営業利益は譲渡側の院長先生の手腕により稼ぐことができているという要因が大きいと考えられます。よって、将来の超過収益力（≒将来の営業利益を稼ぐ力）をあらわす「のれん」が必ずしも時価純資産に加味されるとは限らないので留意が必要です。

【「のれん」の計算例：貸借対照表（B/S）と損益計算書（P/L）】

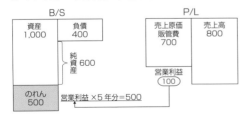

（2）「のれん」の算定基礎となる正常収益力

「のれん」の算定基礎である営業利益は損益計算書からそのまま利用されることもありますが、通常は営業利益から一定の調整項目を加味した「正常収益力」で計算されます。

ここで「正常収益力」とは、営業利益に下記の例のような調整項目を加味した経常的に稼ぐことのできる収益力をいいます。

①非経常的な収入・費用

（具体例：一時的で多額の交際費）

②オーナー医師のプライベート関連費用

（具体例：オーナーの高級社有車の減価償却費や車両関連費、オーナー医師に対する退職金見合いの役員保険の保険料）

③過大な役員報酬

（同種・同規模の法人の役員報酬と比較して過大な役員報酬）

例えば、下記のA法人とB法人の数値例ですと、両法人とも営業利益の数値は100で変わりませんが、B法人は調整項目が2項目あり、「正常収益力」の金額は250となります。

【損益計算書（P/L）の修正と「正常収益力」の計算例】

A法人：P/L		B法人：P/L	
売上	800	売上	800
売上原価	△100	売上原価	△100
売上総利益	700	売上総利益	700
販管費	600	販管費	600
役員報酬	300	役員報酬	400
保険料	0	保険料	50
その他経費	300	その他経費	150
営業利益	100	営業利益	100
調整項目：役員報酬	0	調整項目：役員報酬	100
調整項目：保険料	0	調整項目：保険料	50
正常収益力	100	正常収益力	250

このように、「のれん」の金額を計算する上では営業利益から導出される「正常収益力」を把握することが重要となります。

Q56. 事業価値評価のポイント

事業価値評価を行う上で、貸借対照表や損益計算書で確認するポイントを教えてください。

①貸借対照表における時価純資産を計算する際のポイントは、資産の回収可能性・実在性、負債の網羅性である。
②損益計算書における正常収益力を計算する際のポイントは、収入・費用の経常性・事業関連性である。

(1) 貸借対照表における時価純資産

　譲渡側・譲受側双方において、適正な医療機関の価値を把握することは重要です。

　その価値は時価純資産法で計算することが多いですが（**Q54参照**）、そこで重要なことは実態の貸借対照表、すなわち「時価純資産」の金額の適切な把握です。ここで、純資産の金額は直接的に計算されるわけではなく、資産から負債を控除して計算される差額概念ですので、結局、資産・負債それぞれの適正な査定が重要となります。

①資産項目の回収可能性・実在性

　資産項目において重要となる観点は、資産の回収可能性や実在性です。

　具体的には、患者に対する未収入金はきちんと回収されているか、現金及び預金はきちんと銀行に預けられているか、などの点です。

②負債項目の網羅性

　負債項目において重要となる観点は、負債が漏れなく計上されているかという負債の網羅性です。

　具体的には、買掛金等の営業債務の網羅性だけではなく、将来発生する可能性が高い引当金（例えば、従業員の退職金等）を含めた簿外負債の有無についても把握することが重要となります。

（2）損益計算書における正常収益力

　実態の損益計算書の数値ともいえる「正常収益力」の把握におい
て重要となる観点は、経常性と事業関連性です。

　具体的には、経常的ではない一時的な医療機器の売却利益は「正
常収益力」に含めることはできません。また、承継後には発生が見
込まれないような、事業に関連のないオーナー医師の多額の交際費
等も除外して計算することが一般的です。

【事業価値・出資持分価値評価のポイント】

回収可能性・実在性　　　　　　　　　　　　　　経常性・事業関連性

実態 B/S		網羅性		実態 P/L	
現金及び預金	400	買掛金	100	売上	800
患者未収入金	300	未払金	100	売上原価	△ 100
建物	900	借入金	900	売上総利益	700
医療機器	500	簿外負債	?	販管費	600
車両	200	負債	1,100	役員報酬	400
出資金	50	資本金	500	保険料	50
差入保証金	150	利益剰余金	900	その他経費	150
		時価純資産	1,400	営業利益	100
資産	2,500	負債＋純資産	2,500	調整項目：役員報酬	100
				調整項目：保険料	50
				正常収益力	250

メモ・覚書

第6章

承継時の
実務ポイント

Q57. 譲渡側の従業員対応①
～譲渡側が承継までに雇用関係で行うこと～

譲渡側として承継までに雇用関係で従業員へ行うことの手順を教えてください。

① 承継について職員への速やかで丁寧な説明により、安心させる。
② 譲受側の意向も踏まえた職員の就業意思の確認を行う。
③ 承継時退職者がいれば、退職スケジュールを調整し、清算を行う。

　承継することが決まり、譲受側とも話がまとまってきた段階で、円滑な承継を進めるためには、譲渡側の院長（事業主）から、職員への対応を進めていきます。

（1）承継について職員への速やかな説明

　承継については、決定前の段階から職員に漠然と伝わっていることが多く、職員にとっては、今後の自分の雇用・処遇がどのようになるか不安を抱くことが多くあります。

　承継に向けて、円滑な切り替えを行うためにも、職員への丁寧な説明により、職員を安心させていくことが大切になります。

　承継の大まかな流れが決まったら、譲受側の今後の方針を踏まえて、以下について情報共有を進めておくことが重要です。

　・承継日に向けたスケジュール
　・譲受する先生に関すること
　・今後の就業についての面談予定、など

（2）譲受側の意向も踏まえた職員の就業意思確認

　承継後も円滑に診療が進むように、その診療所の地域性や患者を良く知っていることや医療従事者の人手不足により新規採用が難しいことなどから、現職員を承継するケースが多くみられます。

　ただし、雇用契約においては、譲受側が職員に求めるスキルや意

欲、勤務体制と、職員の就業意思が合うかどうかも確認が必要となります。承継が決まってから、譲受側の先生と職員が顔合わせをする前に、譲渡側（院長が直接ではなくとも、承継をサポートする税理士・コンサル等）が間に入って、職員が今後の就業について、どのように考えているのか、どのような不安を持っているのかなどを確認しておくことが円滑に承継を進めるためには必要になります。

　職員の関心が高い事項としては、「承継後の運営方針・診療体制」や「雇用形態・給与条件」になり、譲渡側・譲受側で事前に相談し、職員からの質問にも対応できるようにしておきましょう。

　ただし、雇用形態・給与条件は譲受側の考えが反映されるものになりますので、明確な回答は控え、譲受側が行う面談時に回答するように引継ぎを行います。現職員の就業意思の調整がうまく行えないと、**第8章**に出てくる失敗事例のようなケースも起こり得ます。

（3）承継時退職者への対応と清算確認

　承継時には、職員側の事情（今まで仕えてきた先生と一緒に退職、これを機に新しいチャレンジをしたいなど）や承継後の勤務体制、給与条件への不一致等により、退職者が出るケースが多くあります。

　退職者が出る場合は、譲受側とも速やかに情報共有を行い、新規採用のスケジュールを踏まえ、退職日の調整・引継のスケジュール調整を行ってください。

　承継時の退職者へは、下記の事項をチェックし、清算をしていくことが、その後のトラブル予防としても重要になります。承継の最終契約書にも「承継前の事案に係る労働債務については、譲渡側の責任において対応する」という条件が入ってきますので、清算が完了している（他に債権債務がない）ことまで確認できる書類を取り付けていくことになります。

- ・退職日の確定、退職までの引継ぎのスケジュール調整
- ・最終給与支給日、及び未払賃金が無いことの確認
- ・退職金ありの場合、退職金金額・支給日の確認
- ・上記を踏まえた、退職合意書の取り交わし

Q58. 譲渡側の従業員対応②
～譲渡側の人事・労務管理の現状把握～

譲渡側として、人事・労務管理の現状把握をするにあたっての留意点には、どのようなものがありますか。

①職員の雇用契約内容等を確認し、関連資料を準備する。
②就業に関するルール（就業規則等）や決め事を確認する。
③未払賃金、退職金の支給の有無について確認する。

　円滑な承継においては、譲渡側の労務管理が適切に行われていることや職員のスキル・経験等の金銭では直接評価できない点についても重要な要素となります。

（1）職員の雇用契約内容・個人情報・経験の適切な把握

　職員情報の把握については、職員個人別に契約内容や当院での経験や持っているスキル、給与支払状況の詳細を確認し、譲受側に引き継いでいくために、以下の資料を準備していきます。

①雇用契約

　雇用期間の有無、所定労働時間、給与、昇給・賞与・退職金の有無（無い場合は、必要な項目をまとめた書面を整理）

②労働者名簿

　個人情報（氏名・生年月日・性別・住所）、入職年月日、従事する業務、保有資格、当院での経験・保有スキル（医療職として対応できることや、PC操作・電子カルテの操作可否等）

③賃金台帳・勤怠記録（タイムカード・出勤簿等）

　全職員の過去3年分（労働基準法で定められた期間）

　なお、賃金台帳記載事項は以下の10項目になります。

「氏名」「性別」「賃金計算期間」「労働日数」「労働時間数」「時間外労働時間数」「深夜労働時間数」「休日労働時間数」「基本給や手当などの種類と額」「控除の項目と額」

（2）院内の就業に関するルール（就業規則）・決め事の確認

院内の就業に関する様々なルールを確認していきます。その確認時には、規定上のルールと現場での運営ルールの検証も必要になります。確認するために準備する資料は以下になります。

①労務管理に関わる規程集

就業規則・賃金規程・退職金規程・育児介護休業規程等

②個別に発行された①以外の労務管理に関わる院内ルール

休憩の取り方、時間外計算の考え方、有給休暇取得と消滅時の扱い、賞与支給計算方法等

③職員個人と取り交わした①・②以外の特別ルール

就業時間や休日の取り方、特別に支給されている手当、退職時に支払うと約束した手当等

（3）未払賃金（残業代）、退職金の支給有無についての確認

承継前の現状把握において、金銭に関わる債務を確認しておくことは重要になります。把握しておく事項は以下の点になります。

①未払賃金（残業代）の有無

（1）（2）で準備した資料を基に、「所定労働時間外」の業務や研修で未だ支払われていない賃金（残業代）について、過去2年分を確認していきます。未払賃金が有った場合は、承継時に清算を行い、他に債権債務が無いことの『合意書』を取り交わします。

②退職金の支給の有無

退職金の支給を、雇用契約書や就業規則等で定めている場合は、承継時に退職した場合の支給額を算出しておきます。個人承継の場合は、承継時に退職金を対象職員に支給し清算を終えます。法人承継の場合は、承継後に退職金が持ち越されるため、算出された支給額は、退職給付債務（承継後に発生する費用）として、譲受側に引継ぎを行います。

Q59. 譲渡側の患者対応
〜承継時の患者・地域（住民）への対応〜

承継時に患者・地域（住民）への対応について留意すべきことがあれば教えてください。

①法律的に譲渡側が患者の個人情報を譲受側に提供しても問題はない。

②地域（住民）に対して、法律的に実施すべきことはないが、診療所の公共性等に鑑み、医師会、医局及び地域の自治会等には承継の事実を説明することが望ましいと考えられる。

（1）患者への対応

　承継の際に患者への対応として考えられることは、患者のカルテ等の個人情報を譲渡側から譲受側に提供する際に、患者に対して法律的に何をすべきかという点です。

　診療所の開設者である個人も医療法人も個人情報保護法における個人情報取扱事業者となります。

　個人情報保護法では、原則として「あらかじめ本人の同意を得ないで、個人データを第三者に提供してはならない。」等の義務が課されていますが、事業譲渡等により譲渡側から譲受側に個人情報を提供する場合は、例外的にこの義務は適用されません。

　ただし、義務は適用されませんが、個人情報の提供を受けた譲受側は留意すべき点があります。それは譲渡側が患者から個人情報を取得した際、どのような利用目的で取得しているかということを確認して、その利用目的の範囲内で患者の個人情報を利用することが必要になるということです。

　利用目的の範囲外で個人情報を利用すると、患者本人から個人情報の利用を止めることを求められる可能性があるため、留意が必要です。

　なお、医療法人の承継スキームで合併や分割の手法が採用された

場合でも同様のことがいえます。

(2) 地域（住民）への対応

　地域（住民）に対して、特段、法律的に実施すべきことはありません。ただし、診療所の公共性、地域との連携という観点からは、譲渡側と譲受側双方で地域の医師会、医局及び地域の自治会等に承継の事実を伝え、譲受人の紹介をすることを忘れないようにしてください。

　なお、当然のことながら、譲渡側・譲受側双方に守秘義務がありますので、対価に関することや案件の詳細な内容を話すことはできません。

Q60. 譲渡側の債権者・委託先対応
～承継時の債権者・委託業者への対応～

承継時に債権者・委託業者への対応について留意すべきことがあれば教えてください。

①譲渡側が個人診療所の場合、承継スキームは事業譲渡のみとなり、債権者や委託業者と新たな契約を結ぶ必要がある。
②譲渡側が医療法人の場合、承継スキームが事業譲渡の場合は個人診療所の場合と同様であり、承継スキームが出資持分譲渡等の場合は、債権者や委託業者との既存の契約書の中に「チェンジオブコントロール条項」があるかどうかで、対応の要否や対応方法が異なってくることに留意が必要である。

（1）個人診療所の場合

　診療所の債権者・委託業者には仕入先、借入先（金融機関）、診療所不動産の賃貸人、リネン業者等が想定されます。

　承継スキームは事業譲渡のみとなりますので、契約は当然に譲受者に移転する訳ではなく、譲渡側で既存の契約を解除し、譲受側が再契約することになります。譲渡側において、承継の際に契約条件が不利にならないよう、債権者・委託業者と交渉しておく必要があります。また、事業遂行上必要不可欠な債権者・委託業者の場合は相手先から取引を中止されないよう、双方で慎重に対応していく必要があります。

　なお、再契約の交渉は最終契約後からクロージングまでの間に実施され、クロージングの前提条件として整理されることになります。譲渡側にとって、きちんと譲受側で契約が継続されないと（再契約されないと）譲渡代金を受け取ることができなくなってしまいますので留意が必要です。

　金融機関からの借入金がある場合には、譲渡側に借入金が残りま

す。譲渡代金を借入金の返済資金に充当していくことになりますが借入金の残高が譲渡代金と比較してかなり大きい場合には、返済原資や返済のタイミングを考慮しておくことが必要です。

(2) 医療法人の場合

事業譲渡の場合は個人診療所と同様の対応となります。一方、出資持分譲渡等の場合は、医療法人ごと譲受側に譲渡されますので、事業譲渡のように譲受側で契約解除という問題は発生しません。

ただし、承継前に医療法人で契約した仕入先・金融機関との契約書の中にチェンジオブコントロール条項（「**Q20（2）③クロージングの前提条件**」参照）。がある場合は、取引先への通知義務や承継に関する同意取得（契約解除の可能性もあり）が必要となる可能性がありますので、留意が必要です。

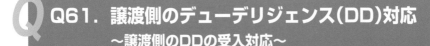

Q61. 譲渡側のデューデリジェンス(DD)対応
～譲渡側のDDの受入対応～

譲渡側がDDの受入対応について、やるべきことと流れのポイントを教えてください。(DDとは何かについてはQ18参照)

①DDの受入対応は、資料準備から始まり、Q&Aシートへの回答、現地調査の調整、各種専門家とのインタビューへの準備、譲受側とのインタビューの準備等相当な労力が必要とされる。

②資料準備や現場の運営状況の把握はDDが始まる前から準備しておくことが重要である。

(1) DD受入対応でやるべきこととその流れ

DDの流れは図の通りです。DDは通常1カ月から2カ月ほど期間がとられ、譲受者と譲受者が委託した各種専門家により譲渡者が運営している診療所に対して実施されます。

DDは契約交渉に入る前の双方にとって重要なフェーズであり、承継の各フェーズの中で、譲渡者の労力が最もかかるものかもしれません。なお、譲渡者がDD受入対応でやるべきことは以下の通りです。

・**資料準備**（該当資料がない場合は作成する必要が出てくるケースもあります。通常の確定申告よりも準備する資料の分量ははるかに多いです）

・**現地調査の調整**（譲受者により運営状況や設備の状況等が確認されます。譲渡者へのインタビューが現地調査の一環として実施されることもあります）

・**Q&Aシートへの回答**（譲受者及び各専門家から定期・不定期に質問がメールにより送られてきます）

・**インタビューへの準備**（一般的には譲受者から譲渡者に対して実施されますが、譲渡者から譲受者に対して確認したい事項があれ

ばインタビューすることも可能です）

【DDの受入対応の流れ】

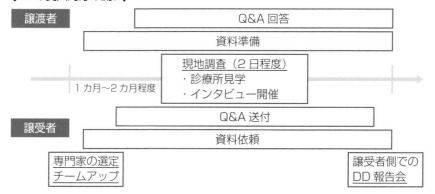

（2）DDの実施前の資料準備等の大切さ

　譲受側が財務リスクや法務リスク等について軽微であると判断する場合や、スピードを重視する場合には、DDは実施されないことがまれにありますが、ほとんどのケースでDDは実施されます。

　各種専門家から要求される資料は多岐にわたり、その量もかなり多いことが予想されます。承継を決めた時点から、DDは避けては通れない道と考えて、少しずつ資料を準備していくことが重要となります。また、現場レベルでの運営状況について譲受側からインタビューをされる可能性もありますので、事前にDDで聞かれる事項を想定し把握しておくことも重要です。

　また、譲渡側がDDの受入対応を適切に実施しない場合、譲受側から最終契約書上で譲渡価格の減額対応をせまられることになるため注意が必要です。

　なお、DDは各種専門家から様々な質問が送られてくるので、承継アドバイザーに相談し、場合によっては守秘義務に注意を払いながら顧問税理士や顧問弁護士等に対応をお願いするということを検討する必要があるかもしれません。

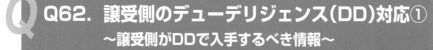

譲受者

Q62. 譲受側のデューデリジェンス(DD)対応①
～譲受側がDDで入手するべき情報～

譲受側として、DDの際に調査対象の診療所についてどのような情報を入手すれば良いのか教えてください。また、情報を入手する際のポイントも教えてください。

A
①DDで入手すべき情報は、DDの目的を勘案して、「ビジネス」「財務及び税務」「法務」「労務」等の観点でリストを作成して漏れがないようにすることが重要である。

②限定的な時間と費用の中で、調査範囲と重点的に確認すべき事項を明確化し、資料依頼の際に重要度・優先順位をつけることが必要である。

(1) DDの目的と各種DDの資料の概要

DDには様々な種類がありますが、DD全般の目的は大きく2つあります。1つ目は「最終契約書を作成するための材料集め」、2つ目は「譲受後の経営プランを策定するための運営状況の確認」です。

最終契約書には譲渡価格だけではなく、例えば、承継後に各種リスクが発生した場合の損害賠償に関する事項や、従業員の雇用条件に関する事項等が記載されます。また、将来の経営プランを策定するためには、薬品や医療材料の仕入先の状況、経理まわりの人員や役割分担の状況、人員の過不足の状況等の確認が必要となります。

よって、入手すべき情報はビジネス、財務・税務、法務、労務等多岐にわたります。必要に応じて、承継アドバイザー及び各種DDを担当する専門家に協力を得て、必要な資料に漏れがないように整理することが必要です。

なお、上記2つの目的を達成することが重要となりますので、重箱の隅をつつくような資料依頼は避ける必要があります。譲渡側が資料の準備をすることになりますので、余計な負担をかけると譲渡側との信頼関係が崩れ、場合によっては案件が止まることも想定されます。

【各種DDと主な調査目的・対象資料】

種類	実施者	主な調査目的	調査対象資料の概要
ビジネス	譲受側自身 コンサルティング会社	・事業の運営状況の確認 ・事業計画や資金計画の確認 ・組織体制や人員計画の確認	・事業計画書 ・組織図 ・資格別の従業員名簿　等
財務・税務	公認会計士・ 税理士	・事業価値、出資持分価値の計算 ・譲受方法の検討 ・決算書、申告書の数値の適正性 ・簿外債務の有無 ・内部統制の状況	・決算書 ・会計帳簿 ・証憑 ・税務申告書、届出書　等
法務	弁護士	・契約内容 ・違法行為の有無 ・訴訟、紛争の有無 ・権利の保全状況 ・コンプライアンスの遵守状況　等	・契約書 ・議事録 ・内部規程類 ・出資者名簿、社員名簿 ・許認可関連資料　等
労務	社会保険労務士	・雇用関係の承継範囲 ・雇用契約、就業実態の確認 ・未払残業代の有無	・就業規則 ・雇用契約書 ・賃金台帳 ・36協定　等

【情報の種類】

種類	主な情報の概要	備考
データ情報 ・PDF ・Word ・Excel	・事業計画書 ・会計帳簿（総勘定元帳・補助元帳等） ・Q&Aシートの回答	・資料の確認と同時並行で、Q&Aシートによる質問のやり取りが発生する。
紙媒体情報	・定款、謄本 ・議事録（社員総会、理事会） ・契約（仕入先、銀行、賃貸借） ・決算書、勘定科目内訳書 ・税務申告書、届出書 ・証憑（通帳、残高証明、請求書、領収書） ・内部規程類 ・出資者名簿、社員名簿 ・許認可関連資料 ・就業規則 ・雇用契約書、賃金台帳、36協定　等	・紙媒体の資料について、PDFデータで開示してもらうことで、専門家への情報共有のスピードが上がり、また、各専門家の資料分析のスピードも上がる可能性あり。
口頭情報	・インタビューによるヒアリング情報 □マネジメントに関する事項 □譲渡側で資料を作成していない事項 □資料の確認だけでは不明、不足な事項	・マネジメントに関する事項は譲受側から譲渡側に面前でヒアリングすることが有用。 ・インタビューでデータ、紙媒体の資料で確認できない事項を補足することも有用。

(2) 資料の重要性及び優先順位

　DDの実施期間は一般的に1カ月から2カ月程度と短く、時間的制約があります。また、全ての種類のDDを実施してしまうと各種専門家へ多額の費用がかかってしまいます。

　時間と費用が限られた中で、効果的かつ効率的に調査を実施するためには、DDの実施前に調査範囲と重点的に調査してもらいたい事項について、承継アドバイザー及び各種専門家に相談し、伝えておくことがポイントとなります。

Q Q63. 譲受側のデューデリジェンス(DD)対応②
～譲受側のDDのポイント/外部環境・設備面～

譲受側として、DDの際に外部環境・設備面で確認すべきポイントを教えてください。

A ①外部環境では、競合の診療所の数、地域の人口動態、連携する医療機関・介護施設等について確認することが重要である。

②設備面では、固定資産台帳・リース資産一覧を閲覧して、設備の種類、買い替えの必要性等を確認し、場合によっては診療所の現地調査で実物の状況を確認することが重要である。

（1）外部環境で確認すべきポイント

外部環境については下記のポイントを確認することが重要です。下記の情報はインターネット等を通じて入手することも可能ですが、譲渡者との面談の機会があれば、直接確認することも有用です。

- 同一の商圏内にある競合先の状況、競合先の数
- 診療所の商圏にある市区町村の人口動態の状況
- 連携する医療機関の状況
- 連携する介護施設の状況
- 診療所の公共交通機関からのアクセス
- 有床診療所の場合、その診療所が属する都道府県ごとの病床稼働数等の指標

当該情報を入手する趣旨は、承継後の経営プランを作成するためであり、また、譲渡側で作成された事業計画がある場合には、その計画の実現可能性を考える上でも非常に有益な情報となります。

（2）設備面で確認すべきポイント（紙面上と現地調査での確認）

　まずは財務関連の資料である固定資産台帳を閲覧して、下記のポイントを確認することになります。なお、設備によってはリース契約で調達している資産もあるため、リース資産一覧を入手し確認することも重要です。

- ・譲渡側の診療科目を経営していくために必要な医療機器・備品・車両等が漏れなく揃っているか
- ・それぞれの取得時期はいつか、取得時期から相当の期間が過ぎ買い替えの必要がある医療機器等はないか
- ・給排水設備や空調設備等の取得時期はいつか、当該設備のメンテナンス状況（老朽化し今後多額のメンテナンス費用が発生しないか）
- ・レセプトコンピュータのメーカー名・種類
- ・電子カルテの導入状況

　必要に応じて、設備の状況は現地調査をして確認することが重要です。老朽化の状況が実際に譲受者自身で把握できたり、固定資産台帳には記載されているが、廃棄漏れで診療所には存在しないという資産が発見できたりする可能性があります。

　なお、承継の話は秘密裏に進められることが多いので、診療所の現地調査を実施するには、譲渡者、譲受者双方で十分な配慮と打ち合わせが必要です。

Q64. 譲受側のデューデリジェンス(DD)対応③
~譲受側のDDのポイント/財務面~

譲受側として、DDの際に財務面で確認すべきポイントを教えてください。

①定量的な情報として、まずは数値に関する情報の信頼性を確認し、その上で、貸借対照表における時価純資産、損益計算書における正常収益力を把握することがポイントとなる。

②定性的な情報としては、経理体制の状況を含めた財務的側面からの運営状況を確認することがポイントとなる。

(1) 定量的な情報について、まずは数値の信頼性を確認する

　財務面で確認する基礎資料は、決算書、勘定科目内訳書、総勘定元帳等があります。

　当該資料の性質は、経理担当者や顧問税理士が通帳や取引記録に基づき会計データに数値を入力した結果として表現された会計情報にすぎません。仮にオーナーの指示のもと、経理担当者が虚偽の数値を入力すれば、実態とは異なる決算書が出来上がります。また、会計担当者のミスによっても実態とは異なる決算書が作成されてしまう恐れもあります。

　そのため、まずは決算書の数字が信頼できる情報なのかを、原始証憑（残高証明書や請求書等）を基に確認します。

　具体例を挙げると、預金残高と銀行の残高証明書の数値を突合したり、患者への未収入金残高と請求書を突合し、数値の一致を確認したりすることにより、決算書の数字が信頼できるものなのかを確認します。

　そのうえで、事業価値等を把握するために、貸借対照表については時価純資産、損益計算書については正常収益力を確認することが重要となります（時価純資産及び正常収益力の詳細な説明は**Q56**を

参照）。

（2）財務的側面からの運営状況について確認すべきポイント

　DDの大きな目的の一つに、「譲受後の経営プランを策定するための運営状況の確認」という点があります。

　承継後の経営プランを策定するためには、承継前における現状の財務的側面からの運営状況を確認しておくことが重要です。つまり、外部取引（患者との取引、仕入先との取引等）及び内部取引（従業員への給与の支払い等）を問わず、取引の記録から始まって、毎月の試算表、決算書が作成されるまで、誰がどのようなプロセスで関わっているのかという点を把握することが必要となります。

　仮に、譲渡者自身が毎月の試算表を作成するために通帳の写しや窓口入金の記録等の財務情報を収集し、試算表の作成を毎月顧問税理士に面談して依頼しているとしましょう。

　譲受者は、当該業務をする時間がない場合には、別の従業員に頼んだり、新たに経理担当の人材を雇用したりする必要があるかもしれません。

　また、DD実施時のインタビューの中で、窓口で患者から受領した現金を扱う担当者とそのチェックをしている担当者が同一の者で、牽制が効いておらず財務リスクがあると譲受者が判断した場合、相互に牽制が効いた新たな業務の仕組みを導入することを検討する必要があるかもしれません。

　このように、DDでは定量的な数字に関する情報の把握だけではなく、定性的な業務プロセスの確認も重要となります。

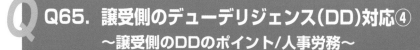
Q65. 譲受側のデューデリジェンス(DD)対応④
～譲受側のDDのポイント/人事労務～

譲受側が行う人事労務のDDの目的と主な調査項目として押さえておくべきことを教えてください。

①雇用関係の承継範囲、内容を決める。

②雇用契約・就業規則等の資料を入手して精査し、ヒアリング調査も行う。

③潜在債務が確認された場合は、譲渡側で清算が行われるように調整する。

職員の承継は地域医療の安定や診療所運営の人材確保という点で重要な要素です。診療所の承継では、職員の能力や貢献度合いが承継における価値を左右することになるため、人事労務DDは重要になります。

(1) 雇用関係の承継範囲・内容の確認

承継において、雇用契約を引き継ぐ職員の範囲、内容を決めることを最初に行います。

最終契約書において定めを設け（**Q71参照**）、承継前の労務トラブルを承継後に引継ぐリスクを抑えますが、職員を引き継ぐことを前提として、承継前の労務管理の実態を知ることが重要になります。

承継後に給与条件、労働時間等の労務管理の変更を行うとしても、承継前の管理内容・方法を踏まえて行うことがスムーズな移行には欠かせず、特に診療所運営のキーマン調査としても重要です。

承継後に、「今まではこうだったのに…」という話は非常に多くあり、労務トラブルにつながりやすいので、事前に管理方法を確認しておき、対策が取れるようにしておきます。

(2) 雇用契約・就業規則等の調査

以下の資料を入手して、調査を行います。資料がないものについ

ては現状を記載した書面を提出してもらいます。

　入手した資料を精査して、譲渡側へヒアリング調査も行い、書面だけでは把握しきれない情報を取得していきます。

・雇用契約（各職員の雇用契約書及び、個別に約束されている事項を定めた契約内容を記した書面）

・就業規則等（周知されてきた就業規則・賃金規程の他、その都度定められてきた個別ルールの書面）

・職員の昇給や賞与支給のルールについての資料

・理事及び職員の退職金について定めた規程

・職員代表との労使協定（36協定含む）、労働組合加入者の有無

・給与資料、タイムカード（出勤簿）等の労働時間の記録（過去3年分）

・職員が関与した不祥事・クレーム、及び懲戒事案、解雇に関する資料（過去3年分）

・診療所と職員間での労働紛争に関する資料（過去3年分）

・労基署からの是正勧告書、指導票とそれに対する提出書類

・労基署、ハローワーク、年金事務所の手続きの控え書類

（3）潜在債務（未払残業代等）の調査

　（2）の調査において、承継時に多額の潜在債務（未払残業代等）が見込まれる場合は、承継の価格算定に影響し、承継後の労務トラブルリスクが高まるため、譲渡側にはより詳細な情報を求める必要があります。潜在債務調査においては、過去2年以内に事業主都合の解雇・退職勧奨等で退職したケースも対象となります。

　調査において、潜在債務が確認された場合は、譲渡側でその清算を行うように調整し、承継後の労務管理に影響が出ないようにして、譲渡側と職員の合意書及び、承継の最終契約書の条項により確認をしていきます。

※賃金請求権の消滅時効については、2020年の民法改正の影響により、労働基準法上の現行「2年」が改正される可能性があるため、改正内容に留意して対応してください。

Q66. 譲受側の従業員対応①
～譲受側の人事労務管理面での準備～

譲受側として、承継までに人事労務管理面で準備しておくことには何がありますか。

①職員との面談を通じて、承継後の雇用契約についての確認を進める。
②雇用契約書の取り交わしによる条件確認は必須である。
③新体制での労働条件の周知、診療の進め方・運営方針等の共有を行う。

診療所運営において、即戦力となる職員、特に看護師や他のコメディカルは、人手不足の下では確保するだけでも大変な労力を必要とします。従って、職員の雇用継続は承継の重要な要件になります。

下記の手順で準備していくことで、職員体制を早期に構築するための、円滑な職員の承継を実現しやすくなります。

（1）承継時の職員の勤務意思確認と体制の再構築

譲渡側からの承継に係る周知が終わり次第、現職員との面談を通じて、承継後の雇用契約についての確認を進める必要があります。譲渡側からの職員情報を踏まえ、承継後の診療方針に基づき、診療体制や給与条件を伝えて、承継後も継続して勤務する意思があるかの確認をしていきます。

特に、給与が減る場合には、譲渡側の意向も踏まえ、根拠をもって説明できるように準備していきます。例えば、労働時間が変わる、休日・休暇が増える、診療所の経営状況で賞与での配分を重視する等が考えられます。

給与条件の変更を提示する場合は、退職するリスクが高まり、その分採用や新規教育コストが増えることになるため、条件を変えることとのバランスで検討を進めることになります。

この意思確認面談は、契約締結後速やかに行います。現職員が退職を選択する場合、代わりの新しい職員を確保するためには、求人・

面接・引継のプロセスに関してある程度の期間が必要になることに留意してください。

（2）雇用契約書の取り交わしによる条件確認

　雇用契約書は、承継後の条件を職員と確認するために、取り交わすことが必須です。その重要なポイントは下記になります。

- ・雇用期間の有無（期間の定めのない契約か、有期契約か）
- ・労働時間（診療時間との違い）、休日・休暇
- ・給与条件、賞与の有無、退職金の有無
- ・自己都合退職時の申し出ルール

　昨今は職員の権利意識も高く、法律上も職員は保護を受けますので、職員管理に配慮していく必要がありますが、その第一歩として、雇用契約書を取り交わし、整備をしていきましょう。

　特に、勤務時間や休日等を変え、給与の変更を提示する場合には、変更事項の確認と同意を得るため、十分な説明が必要です。

（3）就業規則作成・改定による職場ルールの共有

　承継後の診療方針を踏まえ、服務規律を整え、それを「就業規則」という形にして職員に周知し、職場ルールの共有を行うことも必要となります。就業規則は、労働基準法では職員が10人未満の場合は作成義務がありませんが、承継時には作成することをお勧めします。

　この就業規則の作成・改定と周知により、職員の間で労働条件を周知して労務管理の基準とすることに加えて、新しい院長の下での新体制における診療の進め方・運営方針等について共有し、職場全体の方向性を揃えていくことも大事な目的の一つです。

　特に承継した職員と新規採用の職員が混在する場合は、「これまでのやり方」等を巡って、トラブルになりやすい状況もあります。

　トラブルを予防し、新院長を中心とした指揮命令系統の確認と職員間の意思疎通を円滑にして、運営をスムーズに進めるために、承継時に就業ルールや仕事の進め方等についての研修時間を設定し、研修でのコミュニケーションを通じて、融和を図っていきましょう。

Q67. 譲受側の従業員対応②
〜医療法人承継の場合の退職金制度の取扱い〜

医療法人を譲受するのですが、退職金制度の取扱いについての留意点を教えてください。

①退職金制度がある場合、支給対象者と支給金額の決定方法等を確認する。
②退職一時金の場合、支払義務のある退職金額の状況を把握する。
③退職金制度を変更する場合の注意点。

退職金については、譲渡側で制度がある場合は、承継後に必ず発生する費用（債務）となりますので、制度の内容と支払義務がある金額の把握が必要になります。

（1）導入されている退職金制度と運用実態の確認

譲渡側で制度がある場合は、退職金規程の内容から、退職金支給対象者と支給金額の決定方法を確認します。また、雇用契約書により、規程と雇用契約内容に相違がないかを確認します。

特に、支給対象を規程で正職員（常勤職員）と明確に定めていない場合は、パート職員に対しても訴訟等で退職金の請求権が認められることになる可能性があるため、対象者の確認が重要になります。

退職金規程がなく、制度として退職金を支給することが定まっていない場合でも、過去において職員の退職時に退職金の支給が繰り返されており、職員もそれを認識している場合には、慣習として退職金が認められることもあるので、譲渡側に対して過去の退職時の取扱いについては、ヒアリング等で確認しておく必要があります。

支給金額の決定方法については、退職一時金か中小企業退職金共済制度（以下、中退共という）を採用している場合が多いです。

退職一時金には、「勤続年数等を基準とした支給係数×退職時基本給」等の決定方法がありますが、支給基準が定められていない場合は過去の支給実績から基準を定めることになります。中退共は、事業主が毎月掛金を中退共に納付し、退職時に職員が中退共に直接

請求する仕組みのため、掛金の内容を確認しておくことが重要です。

（2）支払い義務のある退職金額の状況把握

　支払義務のある退職金額の把握は、退職一時金方式の場合に必要になります。中退共の場合は、掛金として毎月経費として拠出されているため、把握は必要ありません。

　金額の計算方法は、退職給付債務の簡便法を用いて算出します。基準日（通常は決算期末、もしくは承継日）において、対象となる全ての職員が「自己都合」で退職した場合の退職金額を一人ずつ計算し、その合計金額を算出します。ただし、職員の離職率が低く、定年年齢までの期間も短い場合には、定年退職の場合に採用される支給区分（会社都合区分等）を用いて計算することも検討します。

　貸借対照表に「退職給付債務」が計上されている場合は、承継時に算出した金額との差額を調査し、必要に応じて負債に計上します。
※中退共の詳細については、独立行政法人勤労者退職金共済機構・中小企業退職金共済本部のホームページをご覧ください。

（3）退職金制度を変更する場合の注意点

　医療法人承継後に、退職金制度を変更する場合に、退職一時金の減額・廃止等、職員にとって不利益になる変更を行う場合は、労働契約法の以下の定めに留意し進めることが求められます。
①同法第8条：「職員から個別の同意を得ることを原則とする」
②同法第9条：「職員と合意することなく就業規則の変更により職員の不利益に労働条件を変更することはできない」
③同法第10条：「例外として、変更後の就業規則を職員に周知させ、かつ就業規則の変更が、合理的なものであるときは、変更後の就業規則に定めるところによるものとされる」

　上記の定めから、変更を行う際には、承継時のトラブル予防も踏まえて、（ア）変更点についての丁寧な周知・説明を行い、（イ）対象となる職員から個別に同意書を取得し、（ウ）就業規則変更届を労基署に届出を行うという手順で進めることが必要になります。

Q68. 譲受側の資金調達対応～譲受資金の調達方法～
一般的な資金の調達方法を教えてください。また、調達方法の違いにより承継の進め方にどのような影響があるのでしょうか。

①一般的な資金の調達方法は「譲受側の手持資金」か「金融機関からの借入」かの2通りの方法がある。
②金融機関からの借入で承継を進める場合、守秘義務の観点と融資の実行可能性に留意する必要がある。

（1）譲受資金の調達方法

譲受者による資金の調達方法には「譲受側の手持資金」か「金融機関からの借入」かの2通りの方法があります。

譲受者による資金の調達方法は、譲受側だけの検討事項ではなく、譲渡側にとっても重要な事項となります。譲受側では一般的に承継を検討する時点で、承継資金の調達方法は既に念頭において案件を進めることになります。

一方、譲渡側で初めて譲受側の承継資金の調達方法を意識するようになる時点は、譲受側から入手する意向表明書の受領時です。（Q16参照）

一般的に、意向表明書の記載事項の一つに譲受側の承継資金の調達方法が記載されます。譲渡側にとって、譲受側に十分な手持資金があれば検討事項になることはありませんが、手持資金がない場合は金融機関等からの借入となることが一般的であり、案件遂行の上で、金融機関という利害関係者が増えるので、留意しておくべきことがあります。

（2）金融機関からの借入で進める場合に留意すべきこと

まずは、譲渡側にとって、金融機関という利害関係者が増えることで、情報管理の重要性が高まります。

融資の実行可能性を検討する際に、金融機関から譲渡側の決算書

や確定申告書類、場合によっては譲受側で実施したデューデリジェンスの報告書の開示を要請されることもあります。譲受側にとっても譲渡側との守秘義務がありますので、譲受側だけの都合やタイミングで金融機関に融資の相談ができないということになります。

　ここで、双方にとって重要なことは、どの時点で金融機関に相談するか、相談させるかということです。医業承継では、双方のコミュニケーションがうまくいかず途中で案件が中止されることも少なくありません。そのため、譲渡側にとっては、情報管理の観点から、可能な限り最終契約の締結に近い時点で、金融機関への守秘義務の解除を許可したいところです。一方、そもそも譲受側で承継資金が用意できなければ、案件は成就しませんので、融資の実行可能性という問題は双方で重要な問題となります。

　なお、金融機関の融資の検討は一定程度の期間を要しますので、クロージングまでのスケジュールを作成する上でも譲受側の資金調達の方法は確認すべき事項といえます。

第6章　承継時の実務ポイント

Q69. デューデリジェンス（DD）のチェックリスト
DDのチェックリストについて、その調査項目や調査対象等を各分野別に示してください。

【財務・税務DDチェックリスト】

	調査ポイント	調査の主な目的 （時価純資産・正常収益力への影響）	調査対象資料	結果
1	決算書全般	［診療所の財務状況の把握］ 貸借対照表、損益計算書の各科目の内容及び増減分析。	決算書（3期分） 勘定科目内訳書 総勘定元帳 月次推移表	
2	申告書全般	［各税目の申告状況の把握］ 申告の状況及び内容の確認。 過去の税務調査の状況をヒアリング。	法人税(所得税)申告書 地方税申告書 消費税申告書 （3期分）	
3	現金及び預金	［実在性の確認］ 科目残高と残高証明書の一致を確認。 月次推移表で資金繰りの状況を確認。	残高証明書 現金の実査表 月次推移表	
4	売上債権	［回収可能性の確認］ 患者への債権で回収不能なものを確認。	債権管理表一覧	
5	棚卸資産	［評価の妥当性確認］ 期限切れや長期滞留している棚卸資産の有無を確認。	薬品・医療材料別の管理資料一覧	
6	不動産	［権利の帰属確認］ 謄本を閲覧して、権利者や担保設定等の状況を確認。 台帳で償却不足の有無を確認。	登記簿謄本 固定資産台帳 鑑定評価書	

7	不動産以外の有形無形固定資産	[評価の妥当性確認] 台帳で償却不足の有無を確認 医療機器の取得時期や取得状況を確認。 レセコンの状況を確認。	固定資産台帳 取得時の契約書	
8	営業債務	[網羅性の確認] 請求書を調査して決算日までに計上すべき債務に漏れがないかを確認。	債務管理表一覧 請求書一覧	
9	借入金	[網羅性の確認] 契約書で利率、返済条件、連帯保証の状況を確認。 返済スケジュール表等で残高を確認。	契約書 返済スケジュール表 残高証明書	
10	簿外債務	[網羅性の確認] 議事録の閲覧やインタビューにより簿外債務の有無を確認。 【簿外債務の例】 ・未払残業代 ・診療報酬の不正請求に係る報酬の返還リスク ・退職金の積立不足 ・患者との訴訟案件の有無	各種議事録 会議資料	
11	損益項目	[経常性・事業関連性の確認] 内訳書、元帳の閲覧やインタビューにより非経常的で多額の収入や費用の有無を確認。 （事業に関連していない費用も確認）	勘定科目内訳書 総勘定元帳 月次推移表	

第6章　承継時の実務ポイント

【事業DDチェックリスト】

	調査 ポイント	主な調査の目的 （事業の健全性・安定性・将来性等）	調査対象資料	結果
1	診療圏分析	[地域における位置づけの分析] 診療圏における需要と競合の把握及び将来人口・患者推計による収益予想。	地域人口動向見通し 推計患者の見通し 競合となる医院、病院情報の調査 連携先となり得る病院・介護施設の調査	
2	政策動向	[政策動向の把握] 政策のチャンス、リスクを見極める。	診療報酬動向 地域医療計画	
3	患者分析	[患者の把握] 過去3年分の患者概要を知る。	患者数 患者単価 疾患分析 患者来院ルート分析	
4	収益構造	[推移分析と同じ診療科の他院との比較] 過去3年分の収益の内容の確認と今後の収益シミュレーション。	収入 費用（人件費、材料費、経費等） 利益の推移 資金繰り （実績と計画）	
5	診療方針	[診療方針の確認] 診療方針を確認し、承継がスムーズにいくか検討。	現院長の診療方針 経営理念	
6	組織 人事	[職員の状況確認] 職員の構成や今後の体制を把握。	組織図 現在の職員の略歴 性格、長短所 職員の承継後残留の意思	

7	不動産	[不動産の状況確認] 診療に適した不動産か増改築を必要とする不動産か確認。	登記簿謄本 構造図、間取り 契約関係	
8	機器	[機器の状況確認] 必要な医療機器、設備、電子カルテ、レセコン等があるか確認。	機器一覧 追加購入、修繕要否	
9	業者	[契約の状況確認] 契約の状況の過不足を確認。	業者委託状況 契約書内容	
10	スキーム	[設立形態、グループ全体を確認] ・個人か医療法人か ・MS法人の有無 ・MS法人の業務内容	組織図 沿革	

※個人情報の開示には、個人情報保護法の観点から留意。

【人事労務DDチェックリスト】

	調査ポイント	調査の主な目的（人事労務リスクの有無）	調査対象資料	結果
1	労働条件	［雇用契約の内容と運用の確認］労基法違反はないか、運用と合っているか、記載のない条件の確認。	労働条件通知書（雇用契約書）	
2	就業規則	［規則・規程の内容と運用の確認］労基法違反はないか、運用と合っているか、労使慣行があるか。	就業規則賃金規程退職金規程労使慣行	
3	給与水準	［給与水準の確認］相場と現状の給与水準の把握。	職員個人別の賃金台帳（3年分）	
4	人員構成	［人員構成の確認］有資格者とスキル・キーパーソン等の把握。	労働者名簿資格の有無雇用形態年齢構成	
5	休暇制度	［労働条件の確認］休暇の取得状況の把握。	有給休暇取得率夏季・年末年始休暇	
6	休職退職	［離職率・休職者の確認］休職・退職の原因把握。	労働者名簿	
7	福利厚生	［福利厚生の確認］住宅補助、食事補助、医療費補助等について法令違反はないか、継続させるか。	福利厚生規程	
8	労使協定	［労使協定の有無の確認］労基法違反はないか、運用と合っているか。	36協定その他労使協定	

9	法定書類の保存	[整備状況の確認] 法定書類の作成・保存状態の確認。	労働者名簿 賃金台帳 入退職書類 行政手続書類	
10	未払賃金	[未払賃金の有無の確認] 運用・計算ミスにおける賃金の未払い額を算出。	タイムカード等出勤記録 賃金計算記録 賃金台帳 賃金規程 雇用契約書	
11	労働・社会保険加入	[未払保険料の有無の確認] 雇用保険・社会保険の加入漏れ等による未払い保険料を算出。	雇用保険加入者一覧 社会保険加入者一覧 入退職手続き控え 雇用契約書 賃金台帳	
12	退職金制度	[退職金想定額の把握] 承継日時点での退職金額を算出。	退職金規程 過去の退職者への支払実績	
13	退職者調査	[リスクの把握] 解雇・退職勧奨などで、トラブルにつながる退職者の把握。	労働者名簿 退職届、退職合意書 離職票	
14	行政機関指導等	[リスクの把握] 未払い賃金、未払い保険料等の発生リスクの確認。	労基署からの是正勧告書・指導書 年金事務所からの年金未加入者加入指導	
15	助成金の受給状況	[助成金の受給把握] 助成金の活用と不正受給がないことの確認。	助成金申請書類控え 助成金支給決定通知書	

※個人情報の開示には、個人情報保護法の観点から留意。

【法務DDチェックリスト】

	調査ポイント	調査の主な目的（法令違反の有無）	調査対象資料	結果
※1	組織	［組織運営の確認］ 定款・寄附行為の変更が適法になされているか。 第三者承継にあたり、定款・寄附行為に反しないか。	パンフレット 定款・寄附行為 法人登記事項証明書、組織図、社員名簿、評議員名簿	
※2	議事録	［重要な取引の把握］ 法律上作成が要求されている議事録が適切に作成されているか。 重要な決議事項について、法律上要求される決議が行われているか。 取引に影響を与える決議事項・報告事項がないか。	社員総会議事録 理事会議事録 評議員会議事録	
※3	出資持分	［出資者・出資持分の確認］ 出資者が有効に出資持分を保有しているか。 出資持分について担保設定、出資者間契約による制限がないか。	出資者名簿	
※4	役員	［組織運営の確認］ 利益相反取引がないか。 役員の兼務禁止の規制が守られているか。	役員等の経歴書	
5	不動産	［契約の有効性の確認］ 現在利用している不動産の継続的な使用が可能か。	所有不動産一覧 登記簿謄本 賃貸借契約書	
6	機器	［契約の有効性の確認］ 現在利用している医療機器の継続的利用が可能か。	機器一覧	

7	負債	[担保・保証の把握] 担保物件の把握。 担保実行の可能性があるか。 その他保証債務等の簿外債務が存在しないか。	借入金一覧 金銭消費貸借契約書 担保一覧・担保設定契約書 保証一覧・保証契約書	
8	契約	[組織運営の確認] MS法人との取引が適正に行われているか。 本来業務、附帯業務、付随業務について規制を遵守しているか。 重要な取引契約について、第三者承継により取引停止とならないか、特に不利益な条項がないか。	組織図 各施設の概況 業務に関する契約書 保険契約書・保険証書 その他重要な契約書	
9	紛争 訴訟	[リスクの把握] 医療事故が存在しないか。 将来、紛争に発展する可能性があるクレーム等がないか。	係属中の紛争案件一覧 事件記録	
10	許認可	[組織運営の確認] 法人設立認可、病院・診療所の開設許可、保険診療所の指定が適法に行われているか。 医療法上の配当規制に反していないか。 人員配置基準・施設基準に反していないか。	許認可一覧 許可証 監督官庁からの指導等に関する書類 補助金に関する書類	
11	コンプライアンス	[リスクの把握] 診療報酬の不正請求・不当請求がないか。 廃棄物処理法、個人情報保護法を遵守しているか。		

※1〜4は対象が医療法人である場合に実施。

第6章　承継時の実務ポイント

メモ・覚書

第7章

最終契約締結

Q70. 最終契約書の留意点
最終契約書において気をつけるべき点を教えてください。

①譲渡者にとっては、対価が適切に支払われるか、クロージングまでに過剰な負担が課されていないか、クロージング後に多額の損害賠償請求をされないかの確認が必要である。

②譲受者にとっては、クロージング後の診療所の運営が円滑に進められるか、問題が発生した場合に譲渡者への請求が可能かの確認が必要である。

（1）最終契約書を作成する意義

最終契約書を作成する意義は、大きく分けて2つあります。

1つ目は、第三者承継の手順やクロージングまでの譲渡者・譲受者のタスクを確定させることです。いわばクロージングまでの「やることリスト」です。

2つ目は、最終契約書締結後に問題が発生した場合のリスクの分担を決めることです。デューデリジェンス（DD）で発見されたリスク（例えば、患者からの医療ミスではないかとのクレーム）が顕在化してしまった場合（例えば、患者からの訴訟提起や損害賠償金の支払い）の譲渡者・譲受者の責任分担を決めます。

（2）譲渡者の留意点
①対価が適切に支払われるか

例えば、クロージング時に対価の半額しか支払われず、残りの半額は半年後または1年後に支払われる内容の最終契約書が譲受者から提示されることがあります。診療所が抱えるリスクを踏まえた譲受者の判断によるものですが、診療所全てを譲渡するのであれば、その対価も全額同時に受領するのが原則です。対価の支払いが遅れる場合、その対価が何らかの理由をつけて支払われない可能性もありますので、対価の支払時期には注意しましょう。

②クロージングまでに過剰な負担が課されていないか

　最終契約締結後、クロージングまでの間に、譲渡者に非常に多くの負担を負わせる最終契約書が提示されることがあります。第三者承継は譲渡者と譲受者の共同作業で実現するものであり、譲渡者のみが一方的な負担を負うことのないように気をつけましょう。

③クロージング後に多額の損害賠償請求をされないか

　クロージング後に問題が発生したとして、譲受者から譲渡者に対し損害賠償請求がされることがあります。最終契約書において、譲渡者はできるだけその金額が小さくなるようにします。

　損害賠償の金額は対価の○％を上限とするという条項や損害賠償請求できるのはクロージングから○年以内に限定するという条項を入れるように、譲受者に求めることになります。

（3）譲受者の留意点

①クロージング後の診療所の運営が円滑に進められるか

　反対に、譲受者から見た場合、これまでの運営がずさんで、事業の引継ぎや改善に非常に苦労することがあります。DDで発見された問題点のうち、改善が可能なものについては、可能な限り譲受者に改善してもらい、改善されたことを確認してクロージングする（対価を支払う）ようにすべきです。

②問題が発生した場合に譲渡者への請求が可能か

　第三者承継の前に発生した問題を原因として、診療所経営に損害が発生した場合、その責任は譲渡者にあります。そのような場合に譲渡者に損害賠償を請求できるよう、損害賠償請求できる範囲を明確に定めておく必要があります。最終契約書で明記しておけば、承継後にリスクが現実となり、損害賠償請求をせざるを得ない場合に譲渡者が支払ってくれる可能性が高まります。明確に定めていない場合、必ずしも請求が認められるとは限りません。

Q71. 最終契約書の留意点（人事労務）

人事労務に関する契約締結事項について、ポイントを教えてください。

① 譲渡前の労働債務（未払い賃金、有給休暇、退職金等）の負担者が明らかになっているかの確認が必要である。
② 職員の雇用・労働条件の確認が必要である。
③ 人事労務管理における、譲渡側の保証について確認が必要である。

（1）譲渡前の事由による労働債務が発生した場合の取扱い

　個人承継の場合は、職員は承継時に全員退職し、未払賃金の支払い、有給休暇の消化、退職金の支給や退職に関わる手続き・費用は全て譲渡側が負担するものとなります。承継の最終契約書にはその点を明確にしておき、譲渡側は職員から承継時の退職合意書を取得しておくと円滑な職員の承継につなげることができます。

　法人承継の場合は、職員の労働契約や負債も承継されるため、承継前の事案について、譲渡側が精算を行い、精算合意書を取り交わしておくこと、及び、最終契約書にて、承継後に職員から請求が発生した場合の取扱いについての定めとして、譲渡側が補償する条項を設けておきます。補償の内容としては、以下のような内容になります。

　「承継日において、法人が法令上、職員に対して支払い義務を負っている賃金を支払っておらず、その未払い賃金を原因として、承継日から2年（民法改正に伴う賃金請求権が改正された場合はその年分）以内に、在籍もしくは退職した職員が法人に対して、承継日前の未払賃金を請求してきた場合、譲渡側は当該職員が請求してきた金額に相当する金額を譲受側に支払う」

（2）職員の雇用・労働条件の承継

　職員の雇用・条件の承継においては、職員を承継することを前提

とし、譲渡側・譲受側でそれぞれ確認しておく事項が発生します。

①譲渡側：譲受側の意向を踏まえ、職員の労働契約を解雇や退職勧
　　　　　奨などで終了させることを行わないこと、
　　　　　承継後に譲渡者本人または第三者を通じ、職員に対して
　　　　　退職や転職の働きかけなどを行わないこと。

②譲受側：承継後、一定期間は承継時の雇用条件と同条件で雇用す
　　　　　るのか、雇用は維持するが承継後に変更した雇用条件で
　　　　　雇用契約を締結するのか、などの条件設定を行うこと。

（3）人事労務管理における、譲渡側の保証

　承継契約での人事労務部分については、承継前の事項について、譲受側は人事労務DDを行ったとしても全てを把握し、事前に解消することは難しいため、譲渡側の保証を取り付けておくことが重要です。

　譲渡側が人事労務関係で保証する事項は以下の内容になります。

①雇用契約及び就業規則・賃金規程、及び労基法に基づき、賃金は適正に支払われており、未払い賃金はないこと

②退職金規程に定められた計算方法によって計算される金額の他に、個別に合意された付加金等の内容のものはないこと

③適用される労働関係の法令を遵守しており、労働保険・社会保険に関する義務を履行していること

④助成金・補助金申請において、不正な申請は行っていないこと労働基準監督署、労働局、年金事務所等の行政機関から是正勧告や指導中の事案がないこと

⑤法人と職員間では、ストライキ・職場放棄などの労働紛争、及び不当解雇・ハラスメントなどの労使紛争はないこと

⑥労働組合が存在しないこと

⑦在籍職員は本承継において、自ら退職の意向は示しておらず、法人から職員に対しても、解雇・退職勧奨等の労働契約を終了させる意向は示していないこと

Q72. 最終契約書の具体的内容

最終契約書の具体的内容について教えてください。

出資持分の定めのある医療法人を承継する場合の最終契約書の例を以下に示す。

【最終契約書の例（出資持分の定めのある医療法人の場合の一例）】

第1条 本件取引の概要	クロージングの方法の概要や対価を記載します。
第2条 対価の支払	医療法人から譲受者に退職慰労金を支給することになっている場合には、対象医療法人の社員総会の決議を行う旨を記載します。また、出資持分の対価の支払方法についても記載します。
第3条 社員の変更・理事の交代	医療法人の既存の社員の退社手続と社員総会決議での承認、新しい社員の入社の社員総会決議での承認手続の方法を記載します。また、理事・理事長・監事の退任・選任の手続きを記載します。
第4条 譲渡者の誓約事項	譲渡者が第2条や第3条の承認を行うための社員総会を開催することや、契約締結後もクロージングまでは責任をもって事業の運営を続けること、日常的な運営だけを行い、医療法人の基礎を変更したり、大きな取引を開始・中止等したりしないことを定めます。また、デューデリジェンス（DD）で発見された問題点についてクロージングまでに改善することを定めます。
第5条 譲受者の誓約事項	第三者承継後の従業員の雇用の維持など、譲受者の義務を定めます。
第6条 クロージング前提条件	クロージングの前提条件として、主に譲渡者が行わなければならない事項を定めます。DDで発見された問題点について、クロージングまでに改善することが約束されている場合には、クロージング時点で実際に改善されていることがクロージング前提条件として記載されます。

第7条 譲渡者の表明保証	譲渡者が自身や対象医療法人について表明保証する内容を定めます。非常に詳細な事項にわたることもありますが、本当に全てを真実であると表明してしまってよいか一つ一つ確認する必要があります。
第8条 譲受者の表明保証	譲受者が表明保証する内容を定めます。譲受者側の表明保証は通常簡潔な内容です。
第9条 損害賠償・補償	誓約事項や表明保証に反した場合に、相手方に対して損害賠償請求・補償請求をすることができる旨や損害の範囲等を定めます。請求できる上限額や請求できる期間について定めることも多いです。
第10条 契約の終了	クロージング後は契約を解除できない旨を定めます。通常はクロージング後の解除はできないとされます。
第11条 秘密保持義務	譲渡者・譲受者双方の秘密保持義務を定めます。
第12条 費用負担	契約締結に要したアドバイザー等の費用を各自負担で払うことを確認します。
第13条 完全合意	第三者承継に関して、最終契約書のみが合意内容であり、これ以外の取り決め等は効力がないことを定めます。
第14条 準拠法・裁判管轄	紛争が発生した場合に日本法に基づいて判断することを定めます。また、訴訟になった場合にどの裁判所で裁判を行うかを定めます。
第15条 誠実協議条項	契約書に定めがない事項について、誠実に協議する旨を定めます。法的効力はありませんが慣例上記載されています。

第7章　最終契約締結

メモ・覚書

第8章

事例

この章では、実際の承継例を基に、参考
となる内容を事例として載せています。

| 成立・順調 | ：譲渡側・譲受側の相互の協力により成功 |

譲渡側の属性	形態	年齢	施設状況	診療内容	売上げ
	持分あり医療法人	70歳以上	ビル内賃貸無床	内科・循環器科・健診他	2億円

譲受側の属性	形態	年齢	勤務先		専門
	医療法人	—	譲渡側と無関係		内科他

譲渡側の事情	理事長兼院長が高齢で、院内に後継者がおらず、第三者承継を選択した。

譲受側の事情	譲受側は複数の医療機関を開設している医療法人で、他の地域への進出、診療科目の増設を考えており、第三者承継による譲り受けを検討していた。

結果	承継	成立
	承継後	順調（離職者無く、管理面も円滑に移行）

成功/失敗のポイント	① 承継にあたり、職員の雇用については、譲渡側の前院長が、譲受側の管理部門と一緒に全職員面談に同席し、承継後の診療体制、雇用条件等につき丁寧に説明を行った。 ② その結果、離職者を生じさせることなく、承継前の診療体制をそのまま引き継ぐことができ、患者に対しても混乱を生じさせずに済んだ。 ③ 管理部門については、経理・資金調達関係から人事まで、譲渡側の前院長の身内による管理であったため、承継に不安があった。 ④ しかし、譲受側が管理部門（経理担当・人事担当）を診療所に配置し、当該担当者が前院長や既存職員とのコミュニケーションを密にしたこと等により、譲渡後の体制づくりをスムーズに行うことができ、承継によって現場が混乱することがなかった。

成立・不調：仲介業者の力不足により、承継後の経営に苦労

譲渡側の属性	形態	年齢	施設状況	診療内容	売上げ
	持分あり医療法人	70歳以上	自己所有無床	内科	1億円

譲受側の属性	形態	年齢	勤務先		専門
	医療法人	—	譲渡側と無関係		内科

譲渡側の事情	理事長兼院長が高齢で、院内に後継者がおらず、第三者承継を選択した。

譲受側の事情	他の地域への進出を希望している中、仲介業者から紹介を受けた案件だった。

結果	承継	成立
	承継後	問題あり（仲介業者に丸投げ、トラブル発生）

成功/失敗のポイント	① 譲受側は第三者承継が初めてだったため、仲介業者に全て丸投げ状態で、契約締結に至った。 ② 承継後、譲渡前に法人が負担していた経費のうち私的部分（法人経費とならない部分）については譲渡側で資金負担をしてもらう（つまり前院長から医療法人にお金を返してもらう）ということで話が進んでいた。しかし、譲渡側は当該資金負担については聞いていないと主張し、最終的に互いに納得する形で収束したが、譲渡側・譲受側の雰囲気が悪くなった。 ③ 本来であれば、仲介業者が間に立ち、譲渡側・譲受側双方の考えを整理し、契約書に落とし込み、互いに確認するのが筋である。しかし、本件では譲渡契約の締結を優先させ、本来のプロセスを無視して進めたことが大きなトラブル要因となった。 ④ 譲受側が事前にDDを実施せず、契約内容も仲介業者に丸投げで、現状把握をしていなかったことも大きな反省ポイントである。

第8章

事例

211

不成立：事業価値の算定で基本合意に至らず、不成立

譲渡側の属性	形態	年齢	施設状況	診療内容	売上げ
	持分あり 医療法人	70歳 以上	自己所有 無床	内科、 整形外科	2億円

譲受側の属性	形態	年齢	勤務先		専門
	医療法人	—	譲渡側と無関係		整形外科

譲渡側の事情	院長兼理事長が高齢で、院内に後継者がおらず、第三者承継を選択した。

譲受側の事情	事業拡大を希望しており、第三者承継を検討していた。

結果	承継	不成立
	承継後	—

成功/失敗のポイント	① 譲受側希望価格（譲受側が譲渡対象の診療所の継続事業を検討して算出価格）よりも、譲渡側承継アドバイザーが第三者承継を検討する際に概算で算出した譲渡価格が高額であった。 ② 譲渡側は、当初の承継アドバイザーから提示された譲渡価格を念頭に第三者承継を進めたため、診療所の譲渡価格を下げる決断ができず、合意に至らなかった。 ③ ちなみに、譲渡側のアドバイザリー報酬体系はレーマン方式であり、譲渡価格に応じて報酬がアップする方式となっていた。

成立・順調：好立地で譲受側の経営・診療意欲の高さにより成功

譲渡側の属性	形態	年齢	施設状況	診療内容	売上げ
	持分あり医療法人	75歳	自己所有無床	皮膚科	1億円

譲受側の属性	形態	年齢	勤務先		専門
	個人	50歳	病院 譲渡側と無関係		皮膚科

譲渡側の事情	院長が高齢で引退を希望するも、親族に後継者がおらず、第三者承継を選択した。

譲受側の事情	大学病院勤務で独立開業を希望していた。診療所を承継することで開業当初から経営を安定させたいと考えていた。

結果	承継	成立
	承継後	順調（十全な準備と円滑な移行の実現）

成功/失敗のポイント	① 医院の立地が駅前で、人の行き来が多いという診療圏内で有利な位置にあり収益を見込みやすかった。また地域で診療内容について良い評判を受けていたため、患者数が安定して多かった。 　　従業員とのコミュニケーションも良好で、譲渡手続きにおいて職員にしっかりと説明を行い、スムーズな移行となった。 ② 譲受側が、立地等についてしっかりと調査し、シミュレーションしたことのほか、経営や診療への意欲が強く、技術も高かった。 ③ 承継後の診療所の経営は順調に推移している。 　　新院長が皮膚科の診療所経営についてよく勉強し、保険診療と自由診療のバランスを考えた経営を行い、得意分野を生かしている。 ④ これらの努力によって、患者数が順調に増え、安定した収益を上げている。

成立・不調 ：診療圏分析が不十分で承継後に経営が厳しくなる

譲渡側の属性	形態	年齢	施設状況	診療内容	売上げ
	持分あり医療法人	75歳	自己所有無床	皮膚科	1.5億円

譲受側の属性	形態	年齢	勤務先		専門
	個人	50歳	病院譲渡側と無関係		皮膚科

譲渡側の事情	院長が高齢で引退を希望するも、親族に後継者がおらず、第三者承継を選択した。 競合が増えて厳しくなっていたが、黒字を確保していた。

譲受側の事情	開業を検討しており、患者も施設も受け継ぐ第三者承継にメリットを感じていた。

結果	承継	成立
	承継後	問題あり（競合に患者奪われ、職員定着せず）

成功/失敗のポイント	① 診療圏内で競合診療所が出てくる等により、徐々に経営が悪化していたが、譲受側は地域人口や競合等の診療圏分析や収益シミュレーションを十分に行わなかった。 　そのため、承継後、駅前の競合診療所に患者を取られる等して、収益確保に苦労することになった。 ② 人事面では、職員も高齢化していて、入れ替える必要があった。職員を新たに雇い入れたが、採用が場当たり的であったため、職員とのコミュニケーションに苦労し、良い職員がなかなか定着しなかった。 ③ 事前調査や承継後の収支計画・収益管理、職員の採用・労務管理等の対応が不十分で、後手に回り、診療以外の経営管理面に労力を取られることになってしまったのが、承継後の経営不調の主な原因といえる。

不成立 ： 経営難、負債の多さから不成立

譲渡側の属性	形態	年齢	施設状況	診療内容	売上げ
	持分あり医療法人	75歳	ビル内賃貸 無床	婦人科	2億円

譲受側の属性	形態	年齢	勤務先	専門
	個人	40歳	病院 譲渡側と無関係	婦人科

譲渡側の事情	高齢になり承継を検討するも、近年、医業収益が減少し赤字化していた。借入が多く、負債の引継ぎなど一定以上の金額の負担を譲受人に強いる形での譲渡が必要であった。
譲受側の事情	新規での立ち上げリスクを考え、好立地で、地域で信頼され、発展できる医院の承継を希望していた。

結果	承継	不成立
	承継後	―

成功/失敗のポイント	① 駅前の好立地であるものの、診療圏内で競合が増加、競合対策もあまり取らず、患者数が減少していた。 ② 院長が高齢となるにつれて、院長の診察を減らして、非常勤医師に多くを任せていた。 ③ 管理面は週1回だけ出勤する事務長に任せきりで、数値や労務等の経営管理が甘く、赤字になっていた。借入も増加し、譲受人探しに苦労していた。 ④ 譲渡側の院長が、膨らんだ負債の解消の必要性から、相場とかけ離れた金額を譲受人が負担する譲渡にこだわり、譲受人となる医師がなかなか現れず、経営状態が悪いまま、高齢でも診療所を続けざるを得なかった。 ⑤ 承継前に、時間をかけて経営管理体制を見直し、数値を改善して、承継しやすい経営状態にしておく必要があった。

第8章 事例

成立・順調：承継後の方針共有し、職員の円滑な雇用継続を実現

譲渡側の属性	形態	年齢	施設状況	診療内容	売上げ
	持分あり医療法人	70歳前半	自己所有無床	内科	0.7億円

譲受側の属性	形態	年齢	勤務先		専門
	個人	40歳前半	病院譲渡側と無関係		内科

譲渡側の事情	院長が高齢になり引退を希望するも、親族には承継者がおらず、第三者承継を選択した。

譲受側の事情	近いエリアで開業を検討していて、物件を探している過程で、当該案件に出合った。

結果	承継	成立
	承継後	順調（全職員が雇用継続し、経営安定）

成功/失敗のポイント	① 承継時には、職員は今後のクリニックの運営や自分たちの雇用への不安を抱くが、本件では、承継後の診療方針や管理体制について、譲受側が職員と認識を共有しながら、手続きを進めた。 ② 患者への診療方針・治療方法をできるだけ引き継ぐこと、承継後の職員の役割も大きく変わることはないことを職員に説明し、理解を得た。 ③ 新しい医療機器や電子カルテ・予約システムを導入し、診療体制を刷新するにあたっては、導入に優先順位をつけ、導入・研修スケジュールを共有して、職員の負担と運用リスクの軽減を図り、不安を解消した。 ④ 全職員が譲渡後も雇用継続することができ、承継後2年が経過して、安定した雇用関係が続いている。 ⑤ 承継プロセスの早い段階で、院長と職員の信頼関係を構築できたことが成功の要因の一つといえる。

成功・順調 ：職員を承継後の診療に合った労働条件へ変更し成功

譲渡側の属性	形態	年齢	施設状況	診療内容	売上げ
	持分あり医療法人	70歳超	自己所有無床	内科	0.5億円

譲受側の属性	形態	年齢	勤務先		専門
	個人	40歳後半	病院 譲渡側でも非常勤勤務		内科

譲渡側の事情	院長の病気療養のため、2年ほど代替の医師を雇っていたが、回復が見込めないため、第三者承継を選択した。

譲受側の事情	当該診療所に勤務している医師と病院勤務時代の知り合いで、当該案件を聞いて承継を考えることにした。

結果	承継	成立
	承継後	順調（雇用条件を変更でき、業績は回復）

成功/失敗のポイント	① 譲渡側の院長の事情により、2年間ほど、診療時間を短くしていたが、職員の労働条件は短縮前のまま変更されずにいた。承継にあたり、労働時間を若干長くし、給与については現状維持とすることにした。 ② 職員との面談を複数回設定し、面談には社会保険労務士も同席させて、当該社労士へ相談や質問ができるようにした。 ③ 労働時間や休日は変わるのに給与が変わらないことへの不満に対して、給与水準が既に十分高いこと、休日数は年間を通じて変わらないこと等を、時間をかけて説明して納得を得た。 ④ 双方が納得できる話し合いの関係づくりを行い、職員の不安や疑問点を解消しつつ、譲渡側の考えを雇用契約に反映したことが成功の要因である。

第8章 事例

217

成功・順調：就業規則等を整備し、承継後の適切な労務管理を実現

譲渡側の属性	形態	年齢	施設状況	診療内容	売上げ
	個人	70歳以上	自己所有無床	整形外科	0.8億円

譲受側の属性	形態	年齢	勤務先		専門
	個人	40歳前半	病院譲渡側と無関係		整形外科

譲渡側の事情	院長が高齢になり引退を希望するも、親族には承継者がおらず、第三者承継を選択した。

譲受側の事情	第三者承継での開業を検討していた中で、承継支援コンサルタントの紹介で、当該案件に出合った。

結果	承継	成立
	承継後	順調

成功/失敗のポイント	① 承継前は、就業規則等の規定は整備されておらず、就業に関する決めごとは、その都度、院長が決めていた。 特に休暇や時間外勤務等については、職員が内容を理解・把握しておらず、また、労務管理の不備・曖昧さを言い出せず、不満がたまっていた。 ② 譲受側の新院長は、それらの点を承継前の人事労務DDで把握していたため、承継時に、雇用契約書を取り交わすとともに、就業規則について説明を行った。 服務規律や労働時間や休日、休暇等について説明し、質疑応答の時間を別途設定した。 ③ 新院長と職員が、お互いを理解するため、研修の時間を多く設定し、仕事の進め方、管理方法についても確認していくようにした。 ④ その結果、新院長と職員との間で雇用条件に納得することができ、承継時に大きなトラブルもなく、新しい雇用体制へ移行できたことが成功した大きな要因である。

成立・不調：承継時に職員が全員退職し、診療を1ヵ月中断した

譲渡側の属性	形態	年齢	施設状況	診療内容	売上げ
	個人	65歳以上	自己所有無床	皮膚科	0.7億円

譲受側の属性	形態	年齢	勤務先		専門
	個人	40歳前半	病院 譲渡側と無関係		皮膚科

譲渡側の事情	院長が体調不良に伴い、引退を決意し、第三者承継を選択した。
譲受側の事情	近辺エリアで開業を検討していたところ、医業コンサルタントから当該案件を紹介された。

結果	承継	成立
	承継後	問題あり（職員総入替・診療中断で患者離散）

成功/失敗のポイント	① 職員の雇用を引き継ぐことで話が進んでいたところ、譲受側の新院長が、診療時間の変更や電子カルテの導入等の院内体制の変更を行う意向を示した。 ② 譲渡側は、職員の在職年数が長く、今までのやり方以外の知識も少なく、また、家庭の事情等で診療時間の変更に対応できない恐れもあることを伝えていた。 ③ 新院長は、労働時間・給与の提示や電子カルテ導入スケジュールの設定等を職員に一方的に通知し、職員からの労働時間変更についての要望にも応じなかった。 ④ 中心となる職員が退職を選択し、他の職員も結局、変更についていけず、全職員が承継時に退職する事態となり、1ヵ月間職員がいない状況に陥った。 ⑤ 新院長はこのタイミングで一から採用活動を行うことになり、診療を1ヵ月中断せざるを得なかった。 ⑥ 1ヵ月の診療中断と職員の退職によって、既存の患者が他院へ流れることになってしまった。従業員への配慮不足・コミュニケーション不足が失敗の原因である。

成立・不調：人事労務DDチェック不足のため、想定外のコスト負担発生					
譲渡側の属性	形態	年齢	施設状況	診療内容	売上げ
	持分あり医療法人	70歳以上	自己所有無床	内科	0.7億円
譲受側の属性	形態	年齢	勤務先		専門
	個人	40歳後半	病院譲渡側と無関係		内科
譲渡側の事情	院長が高齢になり引退を希望するも、親族には承継者がおらず、第三者承継を選択した。				
譲受側の事情	第三者承継での開業を検討していた中で、承継支援コンサルタントの紹介で、当該案件に出合った。				
結果	承継	成立			
	承継後	問題あり（想定外の人件費が発生した）			
成功/失敗のポイント	① 職員を同じ条件で雇用することで話を進めたが、譲受側の確認は、常勤・非常勤の識別と過去半年の給与支給実績程度で、人事労務DDを十分行わず、新たな雇用契約を締結しなかった。 ② 承継後、月2〜3日通院休暇をとる職員に対して、譲渡前は給与を減額していなかったことがわかった。新院長は「ノーワークノーペイ」の原則で対応しようとしたが、職員は従前と同じ条件での雇用を主張し、対立関係が半年ほど続いた。 ③ 条件面での対立が他の職員への影響も出てきたため、解決金を支払って合意退職してもらい、新たに常勤職員を採用した。 ④ 承継時に、人事労務DDをきちんと実施し、雇用契約内容のチェックを行って、新しく雇用契約を取り交わしていれば、こうした労務トラブルは予防できたと言える。				

成立・不調	：承継後に職員の反発・不協和音が生じ、解雇を実施

譲渡側の属性	形態	年齢	施設状況	診療内容	売上げ
	個人	75歳以上	自己所有無床	整形外科	1億円

譲受側の属性	形態	年齢	勤務先		専門
	個人	40歳後半	病院 譲渡側と無関係		整形外科

譲渡側の事情	院長が高齢になり引退を希望するも、親族には承継者がおらず、第三者承継を選択した。

譲受側の事情	近辺エリアで開業を検討していたところ、医業コンサルタントから当該案件を紹介された。

結果	承継	成立
	承継後	問題あり（方針の対立等で解雇・退職発生）

成功/失敗のポイント	① 承継時に従前からの従業員を引き継ぎ、さらに人員充足のために追加雇用したため、承継前の古い職員と新規職員が混在する形となった。 ② 古い職員が、従前のやり方やルールを新規職員に指示し、新院長の方針にも反発するようになり、職員間で不協和音が生じた。 ③ 院長と職員間で話し合いを行ったが、溝が深まったため、問題のある古い職員に対して、退職合意書を取り、解雇した。 ④ 他の古い職員の一部も退職したが、これを機に新規採用を行い、新しい体制で診療を行うことになった。 ⑤ 承継時に、研修等を通じて、新院長と職員との間で時間と認識を共有し、承継後の新しい診療方針や仕事の進め方等について、きちんとすり合わせを行っておく必要があった。

成立・順調	：譲受資金の工面もうまくいき、優良診療所を円滑に承継

譲渡側の属性	形態	年齢	施設状況	診療内容	売上げ
	持分あり医療法人	70歳	自己所有無床	整形外科	1.5億円

譲受側の属性	形態	年齢	勤務先		専門
	個人	54歳	病院譲渡側と無関係		整形外科

譲渡側の事情	院長の病気のため、仕事の継続が困難となり、親族には承継者がおらず、第三者承継を選択した。

譲受側の事情	勤務医として過ごしていたが、医局の先輩から当該案件を紹介された。家計面でも子供の医学部の費用等が必要であったため、経営状態の良い診療所の承継・開業を考えた。

結果	承継	成立
	承継後	順調

成功/失敗のポイント	① 承継前の診療所経営も概ね安定して順調であったが、譲渡側の院長が病気となり、診療所経営の継続が困難となっていた。 ② 経営内容に大きな問題はなく、譲渡側から示された条件のハードルも高くなかった。 ③ 知人で信頼できる弁護士にDD面や契約面での支援を依頼し、その弁護士がきちんと内容を確認してくれたので、承継に係るトラブルは基本的になかった。 ④ 譲り受けるための資金面では、手元資金は乏しかったが、当該診療所の経営がしっかりしていたことに加え、金融市場が超緩和状態だったこともあって、銀行が譲受に必要な金額を低金利で融資してくれたことも、承継が円滑に運んだ要因の一つである。 ⑤ 経営は承継後も順調で、資金面も問題なく、着実に収益を上げている。

不成立：承継に関わる合意契約書の不備

譲渡側の属性	形態	年齢	施設状況	診療内容	売上げ
	基金拠出型医療法人	60代	ビル内賃貸無床	健診含む大規模診療所	30億円

譲受側の属性	形態	年齢	勤務先		専門
	個人	30代	譲渡側で分院院長		内科

譲渡側の事情	売上げ30億円規模の大規模法人。理事長（院長）の経営補佐を務めるコンサルタントの助言もあり、職員の雇用と事業の安定存続を考えて、第三者承継を選択した。

譲受側の事情	もとは若手の優秀な非常勤医師であったが、本人と理事長の間で上記コンサルタントも交えて承継の合意がなされ、後継者候補として分院院長を任されていた。

結果	承継	不成立
	承継後	―

成功/失敗のポイント	① 理事長（院長）の経営補佐に迎えたコンサルタントの主導下、深刻な業績不振から脱却し、債務超過も解消した。 ② 経営状況や理事長の年齢等を考慮し、理事長とコンサルタントが協議して、当時の非常勤医と以下で合意した。 ・当該非常勤医（後継者候補）を常勤の分院院長とする。 ・一定期間を設けて期間満了までに承継を完了させる。 ③ 承継を睨み、持分あり法人から基金拠出型（持分なし）法人に移行した。 ④ ここまでは計画通りであったが、承継期限が迫って来るうちに、自分はまだやれるとの理事長の思いが強まり、加えて業績の向上、個人保証なし等の経営環境に自信を持ったことから、理事長が承継の意向を翻意した。 ⑤ 理事長と後継者候補の間で書面の承継合意書等を交わしていなかったことが失敗の主因。混乱の末に後継者候補は組織を追われ、コンサルタントも契約解除された。

第8章　事例

不成立：持分あり法人の出資持分分散による承継合意の不調

譲渡側の属性	形態	年齢	施設状況	診療内容	売上げ
	持分あり医療法人	70代	自己所有無床	整形外科	2億円

譲受側の属性	形態	年齢	勤務先		専門
	個人	50代	病院譲渡側と無関係		整形外科

譲渡側の事情	2代目理事長として手堅い経営を行ってきた。自分の年齢を鑑み、引退の意向であったが、閉院による地域への影響を考慮し、医院の存続を優先することにした。しかし、身内に適当な後継者候補がおらず、第三者への承継を決断した。

譲受側の事情	以前から譲渡者とは面識があったところ、後継者候補として声がかかった。 歴史のある医療機関で立地条件も良く、将来的にも患者が見込めることから、前向きに検討した。

結果	承継	不成立（相続による出資持分分散のため破談）
	承継後	―

成功/失敗のポイント	① 承継に向け、出資持分の整理にかかっていたところ、譲渡側の2代目理事長が急逝してしまった。 ② 相続の発生により、医療に関わりのない持分権者から、出資持分の買取請求があった。 ③ 医療法人の評価に含み益が大きく払戻額が多額になることから、譲受候補者が資金の用意に踏み切れず、破談となった。 ④ 医療に関わりがない疎遠な出資者にまで持分が分散したことで、最終的に医療機関の存続が優先されない結果となってしまった。 ⑤ 持分あり医療法人に付き物の相続リスクへの対応が後手に回ったことが失敗の原因である。

成立、不調：承継合意書不備、承継前後の前理事長との引継ぎ不調

譲渡側の属性	形態	年齢	施設状況	診療内容	売上げ
	持分あり医療法人	80代前半	ビル内賃貸無床	消化器科、内科、人間ドック	3億円

譲受側の属性	形態	年齢	勤務先		専門
	個人	50代後半	病院 譲渡側でも非常勤勤務		消化器内科

譲渡側の事情	理事長が高齢になり体力的に限界を迎えたため引退を決意するにあたり、後継者不在のため、自院で長年非常勤医を務めていた譲受者に承継を持ち掛け合意。

譲受側の事情	他医療法人で常勤医（社員・理事）として勤めながら、長年にわたり譲渡医療機関で非常勤医を務めてきたが、常勤先に別に後継者がいることから独立志向があった。

結果	承継	成立
	承継後	問題あり（承継後2年で閉院）

成功/失敗のポイント	① 理事長と旧知のため、明文での合意書を取り交わしていなかった。 ② 非常勤医として当診療所に長く勤務していたことから油断があり、事前の引継ぎが十分にできておらず、施設名の変更もマイナスに働き、患者やスタッフその他関係先の円滑な移行ができなかった。さらに期待していた前理事長からの事後サポートも得られなかった。 ③ 上記①②の結果、患者・受診者が激減する一方で、引き継いだ他の非常勤医やスタッフの大量離反を招いた。また追い打ちをかけるように、前理事長との承継に関わる金銭トラブルも譲受後に発生した。 ④ 結果、承継後わずか2年で閉院に追い込まれた。 ⑤ 譲受者は、もと所属していた医療法人に常勤医として戻ったが、精神面、金銭面で多大なダメージを被った。

不成立：親子での後継者候補の意思確認不足、話し合いの不足

譲渡側の属性	形態	年齢	施設状況	診療内容	売上げ
	持分なし医療法人	80代	自社ビル内無床	総合内科	2億円

譲受側の属性	形態	年齢	勤務先		専門
	個人	40代	病院 譲渡側でも非常勤勤務		内科

譲渡側の事情	代々続いてきた歴史ある医療法人の理事長。高齢で現場に立つことが困難になったため承継を決意。

譲受側の事情	当初は子息が承継するはずだったところ、親子での意見の相違もあり独立開業。急遽、大学病院から招聘していた非常勤医に承継を期待するも不調に終わる。

結果	承継	不成立（当該医療法人は解散）
	承継後	—

成功/失敗のポイント	① 当初の後継者候補であった子息の意思確認と話し合いが不十分であったため、子息への承継が実現に至らず、対応が後手に回った。 ② 結果として、本人が想定していた承継時が差し迫った段階で後継者選びを開始することになり、非常勤医等の承継候補者への打診に時間をかける余裕がなくなった。 ③ 当該医療法人を解散し、理事長が退職金の代わりに自社ビルを現物で引き取った上で、別途にビル管理会社を立上げ、他の医療機関をテナント誘致することで、地域医療を残した。

用 語
医業承継で知っておきたい用語50
（本手引書に出てくる重要用語一覧）

この章では、医業承継で知っておきたい用語を50個あげて、簡単に解説しています。また、本手引書に出てくる重要用語の説明にもなっています。

●青色申告（所得税）

　一定水準の記帳をし、その記帳に基づいて正しい申告をする人については、所得金額の計算などについて有利な取扱いが受けられる申告方法。総収入金額から最大65万円を差し引くことができる青色申告特別控除や、純損失の繰越しと繰戻し等の税制上の特典を受けることができる。

●意向表明書

　譲受候補先が譲り受けの意向を示すために、どのような条件で引き受ける予定か記載し、譲渡者へ提出する書類。▶詳細はQ16を参照。

●医療施設調査

　厚生労働省により、医療施設の分布・整備の実態を明らかにするとともに、医療施設の診療機能を把握し医療行政の基礎資料を得ることを目的に実施される調査で、「静態調査」と「動態調査」がある。

　「静態調査」は、各年10月1日現在の調査時点で開設している全ての医療施設を対象に詳細な実態を把握する目的で、3年ごとに実施される。医療施設の管理者が自ら調査票に記入する自計方式による。

　「動態調査」は、医療施設から提出される開設・廃止等の申請・届出に基づき、都道府県知事または保健所を設置する市・特別区の長が調査票を作成する方式で、毎月実施される。

●インカムアプローチ

　将来発生が期待される経済的利益（キャッシュフローや損益）を基に価値を算定する方法。

●インフォメーションメモランダム

　譲受候補先に案件を具体的に検討してもらうために、診療所の詳細情報を記載した書類。▶詳細はQ16を参照。

●M&A

合併及び買収（Mergers & Acquisitions）の略語で、合併・買収・事業譲渡・資本業務提携などを含む企業間における提携を総称した言葉。

●MS法人

メディカル・サービス法人の略称で、医療機関に対して不動産や医療機器の賃貸や経理事務、レセプト事務の受託等の医療機関の周辺関連サービスを提供する法人。

●基金・基金拠出型医療法人

基金とは、医療法人に拠出された金銭やその他の財産で、医療法人が基金拠出者に対して返還義務を負うもの。基金拠出型医療法人とは、基金制度を採用した持分のない社団医療法人。

▶詳細はQ48を参照。

●基本合意書

第三者承継の基本的な条件が決まった後に譲渡者と譲受者との間で締結する合意書。▶詳細はQ17を参照。

●クロージング

目的物の引き渡しと、引き渡しに伴う代金決済を行う承継の最終段階における手続き。▶詳細はQ21を参照

●個人版事業承継税制

個人事業者の事業承継を促進するため、2019年度税制改正において創設された制度。

個人事業主の後継者である相続人または受贈者等が事業用資産を相続または贈与により取得した場合には、事業用資産に係る相続税・贈与税について、一定の要件のもと納税を猶予し、後継者の死亡等

第9章

用語

により、猶予されている相続税・贈与税の納付が免除される制度。
▶詳細はQ52を参照。

●コストアプローチ
　純資産（資産から負債を差し引いたもの）を基に価値を算定する
方法。

●雇用保険
　失業・育児休業・介護休業などに給付される公的保険制度で、雇
用保険法で定められている。1週間の所定労働時間が20時間以上あ
り、かつ、継続して31日以上雇用される職員は適用となり、事業主
が手続きを行う。労災保険と雇用保険を合わせて労働保険という。

●36協定
　「時間外・休日労働に関する労使協定」のことで、法定労働時間
を超えて、職員に時間外労働をさせる場合は、労働基準法の定めに
より、協定を締結し、労働基準監督署への届出が必要となる。なお、
時間外労働の上限は、大企業は2019年4月から（中小企業は2020年4
月から）、原則として月45時間、年360時間（特別条項は別途定め有
り）となる。

●時価純資産法
　コストアプローチの代表的な手法の一つであり、全ての資産・負
債を時価評価して、時価評価した資産から負債を差し引いて実態の
純資産を基に価値を算定する方法。

●シナジー効果
　複数が組み合わされることにより、個別の組み合わせ以上の効果
が生み出されることをいい、相乗効果ともいう。第三者承継におい
ては、人員配置の効率化、新規患者の集客など譲受者が診療所を承

継することにより得られる効果をいう。

●社員・社員総会

社員は、社員総会の構成員として議決権を有している。

社員総会は、社員で構成される社団医療法人の最高意思決定機関として、医療法人の運営上重要な事項について決定を行う。

●社会保険

一般に、事業所が加入する健康保険と厚生年金保険を指す。原則として常時5人以上の従業員を使用する事業所は適用となる。

医療機関においては、健康保険は全国健康保険協会が管掌する「協会健保」か、もしくは医師国民健康保険組合（医師国保）に加入する。加入が「協会健保」＋厚生年金か、「医師国保」＋厚生年金かで実務的な手続きが異なる。

なお、社会保険対象の職員が5名未満の場合には「任意適用」事業所となることができるが、そのための手続きが必要となる。

●就業規則

労働基準法により、職員（パート・アルバイト含む）10名以上を雇用する場合に作成し、労基署に届出義務のある、職員の就業上遵守すべきルールや労働条件に関する具体的な事項を定めた規則のことをいう。10名未満の場合、作成は任意となる。

●出資持分払戻

出資持分あり医療法人の社員（出資者）が退社する場合、定款の定めにより医療法人より払戻しを受けることができる。なお、払戻額と当初出資額の差額は、配当所得として課税される。▶詳細はQ42を参照。

●助成金・補助金

　国・地方公共団体、もしくは民間団体が、制度として設けて交付するもので、事業主にとっては原則、返済不要の資金になる。

　助成金は、厚生労働省の雇用関係助成金を中心に、定められた要件を満たすことで、申請によりほぼ支給される。一方、補助金は国の政策などにより、その目的達成のために支援する制度として、公募後の審査に通った場合に支給される。

●正常収益力

　承継の対象となっている事業そのものが生み出す価値であり、事業に関連しない損益や非経常的な損益を除外して計算される。医療法人であれば、営業利益を基に計算される。

●第三者承継

　親族外への事業の承継をいい、一般的にはM＆Aと呼ばれる。

▶詳細はQ1を参照。

●退職給付引当金・退職給付債務

　退職給付引当金とは、役職員の退職給付に備えるため、事業年度末における退職給付債務に基づき貸借対照表に計上される負債。退職給付債務とは、退職により見込まれる退職給付の総額のうち、期末までに発生していると認められる額。

●地域医療構想調整会議

　都道府県ごとに策定された地域医療構想を、構想区域ごとにその具体化に向けて協議する会議体。診療に関する学識経験者や医療関係者等で構成され、医療計画において定める将来の病床数の必要量を達成するための方策その他の地域医療構想の達成を推進するために必要な事項について、協議を行う。

●チェンジオブコントロール条項

経営権の移動があった場合（第三者に事業を承継した場合）に、契約内容に制限がかかるとする条項。具体的には、取引の相手方から事業承継（経営権の移動）を機に契約を破棄できるという条項が契約書に記載されていることもある。

●中退共

中小企業退職金共済制度の略で、独力では退職金制度を設けることが難しい診療所規模の中小事業所について、事業主の相互共済の仕組みと国の援助によって、退職金を設け、中小事業所に従事する職員の福祉の増進を図り、中小事業所の振興に寄与することを目的とする。

●賃金請求権の消滅時効

労働基準法により「賃金（退職金を除く）、災害補償その他の請求権は2年間、この法律の規定による退職手当の請求権は5年間行わない場合においては、時効によって消滅する。」と規定されている。2020年の民法改正に伴い、労働基準法の消滅時効も改正が予定されている。

●賃金台帳

職員の給与の額や、その計算根拠となる事項等を記録した書類で、労働基準法により、作成が義務付けられている。記載事項は、氏名・賃金計算期間・労働日数・労働時間数・時間外労働・基本給・手当等が定められている。

●ディールコーディネート

第三者承継における取引全体の調整及び取りまとめ、進捗管理を総合的に行うこと。▶詳細はQ6を参照。

●デューデリジェンス

　譲受側が対象となる診療所の価値やリスクを詳しく把握するために実施する詳細調査。▶詳細はQ18を参照

●匿名シート

　譲渡者の情報を簡易にまとめた匿名資料。▶詳細はQ15を参照。

●認定医療法人制度

　持分あり医療法人のうち、持分なし医療法人への移行を決定し、移行計画について厚生労働大臣の認定を受けた医療法人を認定医療法人という。この認定医療法人の出資者が出資持分を放棄し、認定移行計画に記載された移行期限（認定日から3年以内）までに持分のない医療法人へ移行をした場合、医療法人が放棄により受けた経済的利益について、医療法人に対して贈与税を課さないとする制度。▶詳細はQ53を参照。

●のれん（営業権）

　目に見えない資産であり、その医療機関が他の同規模・同診療科目の医療機関と比べて高い収益力を有する場合の将来の超過収益力に対する対価を意味する。▶詳細はQ55を参照。

●BS（バランスシート、貸借対照表）

　Balance Sheet（貸借対照表）の略称で、医療機関の期末における財政状態を示す決算書。財政状態とは、資金の調達状況及び運用状況のことをいい、資産、負債及び純資産から構成される。資金の調達状況は負債及び純資産として、運用状況は資産として、貸借対照表上表示される。

●PL（損益計算書）

Profit＆Loss Statement（損益計算書）の略称で、医療機関の一会計期間における経営成績を示す決算書。経営成績は、収益と費用とを対比し、その差額としての利益で表示される。

●一人医師医療法人

医師または歯科医師が常時一人または二人勤務する医療法人を一ヵ所のみ開設しようとする医療法人の通称。

●秘密保持契約書

第三者承継において開示される秘密情報を、当事者以外の第三者への漏洩や目的外での使用を防止するために締結される契約書。
▶詳細はQ11を参照。

●表明保証

譲渡者が譲渡対象の一定の事項について、それが真実であり正確であることを表明し、表明したことを保証すること。▶詳細はQ20を参照。

●マーケットアプローチ

市場における株価や実際の類似の取引価額を基に価値を算定する方法。

●持分あり医療法人

社団医療法人のうち、定款に出資持分に関する規定を設けている医療法人。2007年の第五次医療法改正により、持分あり医療法人は設立できなくなり、既存の医療法人については、当分の間存続する旨の経過措置がとられており、経過措置型医療法人と呼ばれることもある。▶詳細はQ32を参照。

●持分なし医療法人

　社団医療法人のうち、定款に出資持分に関する規定を設けていない医療法人（※）。持分なし医療法人は、基金制度を採用する「基金拠出型医療法人」と基金制度を採用しない「拠出型医療法人」に分かれる（詳細は、基金・基金拠出型医療法人の用語解説を参照）。（※医療法人財団・社会医療法人・特定医療法人も定款に出資持分に関する規定を設けていないが、本手引書は一般診療所を対象としているため、便宜上「基金拠出型医療法人」及び「拠出型医療法人」を総称して持分なし医療法人とする。）

●理事・理事会

　理事は、理事会の構成員として医療法人の業務執行の意思決定への参画を職務としている。

　理事会は、理事で構成される医療法人の業務執行機関であり、医療法人の業務を決定し、理事の職務執行を監督し、理事長の選出及び解職する権限を有している。

●離職票

　雇用保険加入対象の職員が退職した場合に、職員が失業給付を受給するために必要な書類で、退職日から10日以内に事業主がハローワークで手続きを行い、退職者に交付する。事業主から交付された離職票をもとに、退職者の手続きにより失業給付が決定される。

●レーマン方式

　第三者承継において承継アドバイザーへの報酬額計算に用いられる方式で、承継対価に一定の料率を乗じて計算する方法。
▶詳細はQ10を参照。

●労災保険

業務上・通勤上の負傷・休業などに対し補償する公的保険制度で、労働者災害補償保険法で定められている。職員（パート・アルバイト含む）を一人でも雇用した場合は適用になり、事業主が手続きを行う。保険料は事業主が全額負担する。

●労使協定

労働基準法等により定められた所定の事項について、法的義務の免除や免罰を行うよう、事業主と職員間で書面により締結した協定。代表的なものは、36協定（時間外・休日労働に関する労使協定）となる。

●労働安全衛生法

職員の安全と衛生についての基準を定めた法律で、労働災害の防止のための危害防止基準の確立や、職場における職員の安全と健康を確保するとともに、快適な職場環境の形成と促進を目的とする法律。

●労働契約法

労働契約が労使間の交渉のもと、合意により成立し、または変更されるという合意の原則、その他労働契約に関する基本的事項を定めている。労働基準法が労働条件等に係る最低基準を定め、罰則をもってこれの履行を担保しているのに対し、個別労働関係紛争を解決するための法律である。

●労働者名簿

使用者は雇用した職員について、氏名・生年月日・入職年月日・従事する業務等、厚生労働省令で定められた事項を記載した名簿を作成する義務が労働基準法により定められている。労働者名簿は、職員退職日から3年間の保管期間が必要となる。

おわりに —今後の医療機関経営に求められるリテラシー—

「われわれは未来についてふたつのことしか知らない。ひとつは、未来は知りえない、もうひとつは、未来は今日存在するものとも、今日予測するものとも違うということである」

（P. F. ドラッカー『創造する経営者』より）

　経営者にとって、単なる未来予測や将来推計はさしたる意味を持ちません。組織をマネジメントする立場にある人々にとっては、世に溢れる予測や推計を見極め、それらをベースに自らの組織の未来を創り出す。そういう取組みに昇華させて初めて、予測や推計が意味を持つと言えるでしょう。

　本節では、医療機関経営の将来を展望するにあたり、これから特に重要になると思われるポイントについて概略を述べます。あわせて、今後の取組みの参考になると思われる情報（書籍やウェブサイト）を示します。

1. ヒトのマネジメント

　医療は、対面でのサービス提供を基本とするサービス産業です。今後、AIや遠隔診療の導入・普及によって多少の変化はあるものの、ヒューマン・サービスという医療の形そのものは変わらないでしょう。そうであれば、将来の医療機関経営においても依然として、人材のマネジメントが最重要課題です。

　最近の医療界では、「医師の働き方改革」の議論が特に注目されていますが、働き方改革による生産性向上が必要なのは医師だけではありません。看護師や検査技師等のコメディカルや事務職員も対象です。むしろ医療機関における労使関係のトラブルは、医師以外の職種にこそ多いものです。言うまでもなく、医療機関は住民・患者の生命や健康を預かるところです。では、そこで働く人々の職務

遂行の責任と人事労務に関わる法制度の規定とのバランスをどのようにとっていくのか。人材のマネジメント、特に人事労務に関する基本的な知識の取得と活用は、医療機関経営者にとって今後ますます重要になることでしょう。

【人事労務に関する参考情報】

● 「やさしい労務管理の手引き」（厚生労働省）

　　https://www.mhlw.go.jp/new-info/kobetu/roudou/gyousei/dl/
roumukanri.pdf

● 「労働基準法のあらまし」（厚生労働省　東京労働局）

　　　　https://jsite.mhlw.go.jp/tokyo-roudoukyoku/var/
rev0/0146/7523/20171228164224.pdf

● 「人事・労務基礎講座ⅠおよびⅡ」（日本医師会ORCA管理機構）

　　　　https://owl.orcamo.co.jp/hrlabor/
https://owl.orcamo.co.jp/hrlabor2/

2．モノのマネジメント

　IoT（モノのインターネット化）というキーワードに代表されるように、今後はありとあらゆる機器がネット接続され、ICTによる情報の共有と利活用がなされる未来が展望されています。すでに現時点でも、科学としての医学、産業としての医療ともに、ICTなくしては成立し得なくなりつつありますが、今後はその流れがさらに加速すると考えられます。医療に関わる物品や機器、建物等の管理においても、ICTに関する基礎的な知識が必須となるでしょう。

　つまり、未来のモノのマネジメントにおいて、最重要事項のひとつは、間違いなくICTに関するリテラシーの習得と維持ということです。ただし、皆さんがICTエンジニア並みの知識を身に付ける必要があるという意味ではありません。医療機関の経営者としては、ICTエンジニアと対話や交渉ができて、彼らを上手に活用できるだけの知識と経験を身に付けることが肝要になります。

【ICTリテラシーに関する参考情報】
● 「医療情報技師育成部会」（日本医療情報学会）

http://jami.jp/jadite/new/

● 「メディカタログ：医療・介護ICT製品のウェブカタログ」（日本医師会ORCA管理機構）　https://medi-catalog.com/

● 「メディカルICTリーダー養成講座【初級】【中級】【上級】」（日本医師会ORCA管理機）　https://owl.orcamo.co.jp/medict/

https://owl.orcamo.co.jp/medict_m/

https://owl.orcamo.co.jp/medict_d/

3. カネのマネジメント

　日本の医療提供体制の主役は民間医療機関です。医療法によって医業は非営利と規定されているため、民間医療機関の資金調達手段は間接金融、すなわち銀行等からの借入金にほぼ限定されます。つまり、これらの体制や法制度に変更がない限り、民間医療機関の経営者にとって、銀行との付き合いは必須です。

　翻って、銀行などの金融の世界を見ると、世界的な低金利、国内の少子化・人口減少といった環境要因に加えて、仮想通貨やフィンテックと呼ばれる新たなテクノロジーの台頭によって、大きな業界再編が囁かれています。

　そのような状況下、銀行関係者は、医療・介護分野に対し、国内に残された数少ない成長分野、すなわち将来有望な融資先のひとつとして、熱い視線を注いでいます。医療・福祉の専門部署を設置して戦略的・組織的に取り組んでいる銀行も数多く見受けられます。専門部署に所属する銀行マンは、政策の動向も含めて医療・介護のことをよく勉強しており、実際に医療機関に出向するなどして、医療現場の経験も踏んだ上で実務にあたっているケースも少なくないようです（堤、坂口、石尾「医療機関経営における金融機関の有効活用に向けて」日医総研ワーキングペーパー、No.404、2018）。

　以上のような銀行業界の現況に対して、医療界の状況はどうで

しょうか。銀行関係者と対話や交渉する上では、お金回りの知識を身に付けておく方が望ましいことは言うまでもありません。銀行マンが医療・介護のことを学んでいるように、医療関係者も会計やファイナンスについて今以上に学ぶ必要があるのではないでしょうか。

【会計・ファイナンスに関する参考情報】
- 『図解「財務3表のつながり」でわかる会計の基本』（國貞克則、ダイヤモンド社）
- 「医療法人の適正な運営に関する調査研究報告書（平成25年度厚労省委託）第4章医療法人の財務に関するチェックポイント」
  https://www.mhlw.go.jp/file/06-Seisakujouhou-10800000-Iseikyoku/2houkokusho_h24-02-04_3.pdf
- 「絵でつかむ会計力リーダー養成講座」（日本医師会ORCA管理機構）　https://owl.orcamo.co.jp/medacc/

　本節では、近未来の医療機関経営者を念頭に置き、いわゆる経営資源（ヒト、モノ、カネ）別に、今後の取組みに役立つと考えられるポイントについて概説しました。

　議論を総括すると、「経営者としてのリテラシー向上」というキーワードに尽きます。ヒトのマネジメントでは人事労務に関するリテラシー向上、モノのマネジメントではICTに関するリテラシー向上、カネのマネジメントでは会計・ファイナンスに関わるリテラシー向上がポイントです。

　繰り返しますが、経営者が専門家になる、あるいは専門家並みの知識を身に付ける必要があるというわけではありません。人事労務分野は社労士、ICT分野はICTエンジニア、会計・ファイナンスの分野は会計士や税理士、銀行担当者と、それぞれ専門家がいます。

　強調したいのは、それら専門家を使いこなせるだけの見識を身に付けることこそが、今後の医療機関経営者にはますます重要になるということです。

　本節の議論や参考情報が今後の取組みの一助となれば幸いです。

巻末言

　医業承継の問題は、地域医療において喫緊の課題となっています。本手引書の『はじめに』でも述べているように、少子高齢化・人口減少社会において、地域に「かかりつけ医」となる医師がいなくなれば、地域の医療提供体制が維持できなくなり、医療が「社会的共通資本」としての役割を果たせなくなります。

　こうした事態の進行を食い止めるためには、地域の実情を熟知する医師会の取組み等を支援する形で、各医療機関の医業継続と新たに地域医療への貢献を志す医師とを適切につなぐ必要があります。

　日本医師会としても、以下の点について、適切なスタンスと方法によって、有効な支援策を進めていきたいと考えています。

　①医業承継を行う地域の医師会の支援の充実
　②譲渡を希望する医師と承継を希望する医師の支援
　③希望に応じ医療機関の承継内容の検証を支援

　本手引書もそうした対応の一環として製作されたものであります。診療所の医業承継に関する手引書の上梓は、社会的にも大いに意義のあることではないかと思っています。

　本手引書が、診療所等の医療機関の経営者、あるいは医療機関経営にご興味をお持ちの勤務医の方々にとっての一助となり、また、承継に関わるその他の関係者の方々にも広くご活用いただくことで、医業承継が円滑に行われ、地域における「社会的共通資本」としての医療が維持されていくことを願ってやみません。

令和2年3月吉日

日本医師会 常任理事　小玉　弘之

執筆者一覧 （所属・肩書は2020年3月末現在）

（監修）

日本医師会　会　　　長　横倉義武
　　　　　　常任理事　小玉弘之

（企画総括）

日本医師会総合政策研究機構
　　　　　　主任研究員　石尾　　勝
　　　　　　主任研究員　坂口一樹
　　　　　　主任研究員　堤　　信之

（編著者）

税理士法人山田＆パートナーズ
　　医療事業部　パートナー　　　税理士　上田峰久
　　医療事業部　シニアマネージャー　税理士　板持英俊
　　アドバイザリー部　マネージャー　　　　　菅原俊之
　　医療事業部　マネージャー　　税理士　寺尾絵里
　　医療事業部　マネージャー　　税理士　山本竜也
　　医療事業部　　　　　　　　　税理士　馬嶋花寿美
　　医療事業部　　　　　　　　　税理士　河合　　匠
弁護士法人Ｙ＆Ｐ法律事務所
　　　　　　パートナー　　　弁護士　奥村暁人

（共著者）

社会保険労務士法人FDL
　　特定社会保険労務士　森山幸一
ファースト・ヘルスケア株式会社
　　代表取締役社長　　　杉村正樹 （東京医科歯科大学非常勤講師）

Q&Aで承継のプロセスがよくわかる
診療所のための医業承継（第三者承継）のてびき

2020年3月31日　初版 第1刷発行
2020年6月30日　　　　第2刷発行

編　者　日本医師会総合政策研究機構
発　行　公益社団法人　日本医師会
　　　　〒113-8621　東京都文京区本駒込2-28-16

印刷所　株式会社上野印刷所
販　売　株式会社東京法規出版